TRUCOS Y CONSEJOS PARA SOBREVIVIR A UN DIVORCIO

TRUCOS Y CONSEJOS PARA SOBREVIVIR A UN DIVORCIO

P. Agustí

Copyright © EDIMAT LIBROS, S. A.
C/ Primavera, 35
Polígono Industrial El Malvar
28500 Arganda del Rey
MADRID-ESPAÑA

ISBN: 84-9764-516-2
Depósito legal: M-1067-2005

Colección: Trucos
Título: Trucos y consejos para sobrevivir a un divorcio
Autor: P. Agustí
Corrección: F.M. Letras
Concepción gráfica: CKR Diseño

Diseño de cubierta: Alexandre Lourdel
Impreso en: COFÁS

IMPRESO EN ESPAÑA – *PRINTED IN SPAIN*

ÍNDICE

INTRODUCCIÓN

Dicen que el divorcio es la segunda causa psíquica más traumática que padece el ser humano, después de la muerte de un hijo. Aun así, un 50 por ciento de las parejas lo tienen en la mente como la mejor manera de solucionar sus problemas. Por razones incomprensibles, todo el mundo ve ventajas en el divorcio, al menos si lo comparan con su desgraciada convivencia actual, y por ello las demandas son cada vez más frecuentes. Dicen que la separación la piden más las mujeres y que el divorcio consecuente los hombres, pero tanto monta como monta tanto, pues el final es el mismo.

No existe una causa razonable para explicar la lucha que una pareja ha mantenido durante meses o años antes de tomar la decisión de separarse definitivamente, pues durante esta incruenta hostilidad sacamos lo peor que hay en nosotros si con ello conseguimos hacer daño a nuestra pareja. Ese comportamiento tan maquiavélico, con violencia física en ocasiones y con una tortura psicológica digna del marqués de Sade, solamente lo ejercemos contra nuestro cónyuge. Incluso personas que militan en grupos humanitarios, jueces, políticos y hasta religiosos devotos, cuando de hacer daño psicológico a su compañero/a se trata, se comportan con una maestría exquisita. No hay palabra, gesto o comportamiento dañino que no hayamos probado durante esa larga lucha anterior, si ello contribuye a observar una muestra de dolor en la pareja. Si llora, es que hemos tenido éxito y hay que repetir la jugada. Y si no le hemos hecho daño esta vez da igual, lo volveremos a intentar con nuevos modos.

Salvo pequeñas excepciones de parejas que decidieron divorciarse rápidamente, solamente después de la primera pelea, la mayoría han pasado previamente por un largo y doloroso vía crucis del cual son plenamente conscientes. Hay quien asegura que el divorcio debería ser efectivo con un deseo, una simple firma estampada en un documento, del mismo modo que hacemos cuando queremos casarnos. Si para tomar esta decisión nadie nos consultó, ni fue necesario un complejo y largo proceso legal, ni mucho menos tuvieron que intervenir abogados, no hay razón para que la disolución sea tan costosa y prolongada. Dicen que la causa está en los bienes gananciales y en los hijos, pero todos sabemos que incluso las parejas sin hijos, y los que tienen separación de bienes, acusan los mismos problemas. Mientras que las sociedades civiles se disuelven con un sencillo contrato de renuncia ante un abogado y cada socio se lleva la mitad o la parte que le corresponde de los bienes, aquí hay que pleitear durante meses.

No obstante, y a pesar de que los datos son pesimistas, este libro no pretende mostrar tan negativamente este problema creciente de la convivencia humana y, muy al contrario, la intención es ayudar a dos fines: a) Evitar que las parejas consideren que el divorcio es siempre la mejor solución, y b) Ayudarles a que busquen siempre el lado bueno y optimista de su maltrecha relación, pues siempre hay algo que salvar entre dos personas que un día se quisieron.

«Por todos los medios cásese. Si consigue una esposa buena, estará contento. Si consigue una mala, se hará un filósofo... y ésa es una buena cosa para cualquier hombre.»

Sócrates

01

¿QUÉ ES UNA FAMILIA?

Consideramos genéricamente como familia a un grupo de personas emparentadas entre sí que viven juntas bajo la autoridad de una o dos de ellas, o mediante un sistema de organización particular. Por ello también forman una familia los hermanos que comparten un piso y, por supuesto, cuando se trata de tíos y sobrinos o abuelos con nietos. La familia puede ser también el linaje, la estirpe, aunque no vivan dentro de su casa.

Cuando existen (según la legislación de protección social de cada país) más de tres hijos menores de dieciocho años de edad o mayores incapacitados para el trabajo, se denomina como numerosa. Si decimos que alguien está cargado de familia nos referimos a una pareja llena de hijos, aunque antiguamente esto se extendía a los criados, mientras que ser de buena familia quiere decir que los antecesores gozan de buen crédito y estimación social, estando ligada esta categoría casi exclusivamente a la posición económica solvente.

No obstante, hay dos grupos familiares que, aunque similares, establecen ya la gran diferencia, y es la familia en cuyo hogar nacemos y aquella que hemos creado nosotros mismos de modo voluntario. Desde la prehistoria el ser humano se ha unido esencialmente para cuidar la prole, la descendencia, puesto que los cachorros humanos necesitan durante bastantes años el auxilio de sus padres para poder sobrevivir. Esta aparente dependencia no debe considerarse como algo peyorativo, pues ha quedado demostrado que aquellos cachorros que permanecen más tiempo al lado de sus progenitores con el tiempo poseen mayor capacidad de innovación y perfeccionamiento que quienes se marchan del nido a los pocos días. La protección de los padres, tan negativa en ocasiones, se convierte en un sólido pilar que permite al hijo aprender más y mejor las materias que le harán ocupar luego en la sociedad un buen lugar. Por el contrario, cuando los hijos abandonan a muy temprana edad el hogar o aquellos que ni siquiera lo tienen, poseen indudablemente una capacidad de supervivencia y adaptación a las circunstancias adversas muy superior. Esta faceta es muy buena, indudablemente, pero para completarse debe ir unida al perfeccionamiento intelectual. Cuando el hijo debe buscarse su propia comida y refugio desde que es niño, sus horas disponibles irán siempre en ese sentido, pues ésta es su necesidad primaria vital que es cubierta cuando hay unos padres a su lado.

Pero ya sabemos que una familia, y ahora más que nunca, no es para toda la vida, y aunque un hombre y una mujer inicien el proceso con buena voluntad, con el tiempo solamente permanecen los lazos sanguíneos como fuente de unión. Quienes antes eran una unidad, los esposos, con el tiempo y un divorcio se convierten en dos enemigos irreconciliables, posición que adoptan gracias a la «ayuda» de abogados, «amigos» y familiares, todos espectadores desde la barrera.

Todo cambia tan vertiginosamente que ahora la palabra «familia» está en plena decadencia y «tener una familia» se empieza a considerar un error y una trampa mortal para la independencia. La mayoría de las parejas están dispuestas a casarse, por la Iglesia o el juzgado, pero tienen en la mente que si les va mal se divorciarán rápidamente, pues están seguros que esa solución es la más sensata. Todos dicen que cuando un matrimonio va mal se tienen que separar, que es mejor así, y que hasta los hijos se beneficiarán de la ruptura. Pero creo que nadie les ha explicado con todo detalle que las cosas no son tan sencillas, ni tan rápidas, ni tan felices.

> *«El amor es un jardín florido; y el matrimonio es el mismo jardín, en el que han nacido ortigas.»*
>
> Anónimo

DIVORCIOS MULTITUDINARIOS

Lo primero que hay que tener en la mente es que los hijos son un hecho irreversible, pues cuando un hijo nace dos personas se convierten en sus padres y ello es para siempre. Simultáneamente, también hemos convertido a alguien en abuelo, también para siempre, y a otros en primos, sobrinos, y en ocasiones hermanos. Esto nos parece claro, salvo en el momento del divorcio, pues en ese momento solamente cuentan las necesidades y la opinión de los cónyuges.

Ahora bien, si los cónyuges se divorcian no hay razón para que también lo hagan los parientes, pero habitualmente cada uno se pone de parte del suyo y todos terminan enfrentándose. La consecuencia es que los primos dejan de visitarse y muy probablemente los abuelos a los nietos. Disuelva, si quiere, su matrimonio, pero intente que sea solamente su desunión, no la de todos, y eso involucra a muchas personas.

Los padres no se divorcian de sus hijos, tan sólo de su cónyuge, pero esta frase tan popular sigue sin tenerse en cuenta. Insisto en que pueden disolver su matrimonio, no su familia, pero esto que parece tan elemental ha sido totalmente distorsionado hasta por los jueces.

SENTENCIAS

El padre, el buen padre, lo será hasta el día anterior al divorcio, pero después lo tendrá mucho más difícil, pues la ley se lo impedirá. Los jueces dicen que, puesto que la familia está ya deshecha (ya sabemos que no es cierto), no hay razón para hacer que los hijos sigan viendo a su padre (o, en ocasiones, a su madre) todos los días e impiden con sus resoluciones judiciales que jueguen o paseen juntos. Opinan que con una visita cada quince días es suficiente, pues más impedirá la vida normal del hijo. No sabemos los motivos para que justo unos días antes del divorcio ese hijo necesitase estar diariamente con sus padres y, súbitamente, se considere que una corta visita quincenal es lo mejor para todos.

La madre se queda habitualmente en la casa, con los hijos y con parte de la economía pasada, presente y futura del ex, y para que esa resolución legal no raye en lo inhumano se le permite al desahuciado hogareño que vea a sus hijos en lugares y horarios que se preestablecen. Desde ese día deberá planificar mucho mejor cómo gastar o ahorrar sus ingresos, y aun sintiéndose responsable y queriendo profundamente a sus hijos, solamente se le considerará padre para que pague la pensión a su ex mujer. Afrontar los gastos para la manutención de sus hijos es una obligación que le llevará a la cárcel si la incumple, pero nadie le exigirá que les vea periódicamente, ni nadie se quejará si no lo hace nunca. Su dinero es lo único que importa.

> «El sexo entre dos personas es una cosa bonita... entre cinco es fantástico.»
>
> Woody Allen

DIVERSAS NOTICIAS REALES

Caso uno

Un conductor de autobús (todos sabemos el corto salario que tienen) se ató con una cadena a las puertas de los Juzgados de Familia para que anularan una sentencia que le condenaba a pagar 480 euros al mes de pensión a su ex mujer. También tenía que seguir pagando los 294 euros de la hipoteca del piso en el cual seguía viviendo su ex. Si tenemos en cuenta que ganaba 961 euros al mes, le quedan para vivir, comer, pagar un alquiler, vestir, etcétera, 187 euros.

Caso dos

Un fiscal pide seis meses de arresto y multa de 601 euros para una mujer de Almería por no haber pagado nunca la pensión mensual de 180 euros a su ex marido, quien, por cierto, tiene la custodia de sus cuatros hijos desde hace dos años.

Posteriormente, el Juzgado de lo Penal la absolvió al no poderse demostrar que ella dispusiera de recursos para satisfacer esa cantidad. Este último veredicto fue logrado gracias a que la Asociación de Padres Separados intercedió por ella, aduciendo que era una barbaridad que una persona ingresara en la cárcel por el impago de las pensiones. La mujer ahora vive en Francia con otro hombre.

Caso tres

Un hombre divorciado que había sido amo de casa durante los cuatro últimos años anteriores al divorcio, pidió una pensión a su ex mujer de 180 euros y la custodia del hijo de cuatro años. La sentencia primera anuló su petición pues, según la jueza, «un hombre que lleva cuatro años sin encontrar trabajo fuera de casa es que es un vago y no merece que nadie le mantenga». Posteriormente, el Juzgado de Primera Instancia le ha concedido la custodia del hijo y el derecho a la pensión, aunque mantiene la patria potestad para ambos cónyuges.

Noticia una

La Asociación de Padres Separados del Perú pide que todos los asociados dejen de mantener a aquellas ex mujeres que ya viven con otro hombre (sin casarse) o que tienen trabajo. Esta situación parece ser que abarca ya al 68 por 100 de las mujeres divorciadas, quienes no tienen ningún reparo en seguir viviendo a costa del trabajo de su ex.

En su alegato la asociación dice: «¿Por qué un hombre separado tiene que pagar una pensión durante toda la vida a su ex mujer, cuando el propio Estado solamente cubre durante dos años las necesidades de los parados?» Insisten en que la mayoría de las mujeres que cobran pensiones viven ya una relación estable con sus nuevas parejas, pero se empadronan en lugares diferentes para engañar a los jueces, que deberían suprimirles la pensión.

Noticia dos

En el IX Congreso de Mujeres Abogadas se pidió que se mantuviera la custodia de los hijos menores de siete años para las mujeres, alegando que están más capacitadas que los hombres. En edades posteriores la custodia la tendría quien hubiera dedicado anteriormente más tiempo al cuidado del hijo. El Congreso se había convocado para eliminar la discriminación por razón de sexo.

En este mismo congreso se dijo que la sentencia del Tribunal de Justicia de la UE, en la cual se decía que la discriminación positiva a favor de la mujer es ilegal, suponía un retroceso en sus derechos.

«Una vez le pedí a una chica que me dejara beber champaña en su zapato, pero ella se negó y en su lugar me dio su monedero. Fue terrible cuando su lápiz de labios pasó por mi garganta.»

Groucho Marx

Discriminación positiva

Esta demanda de las mujeres actuales está fundamentada en el hecho de que tradicionalmente el varón ha ocupado los mejores puestos en la sociedad, por lo que para igualar a ambos sexos se requiere, durante un tiempo indeterminado, discriminar negativamente al varón y otorgar privilegios a la mujer. La medida se parece demasiado al castigo divino contra Adán y Eva, por cuyo pecado original toda la Humanidad está condenada a trabajar y sufrir. Es como castigar a un nieto por los desmanes de su abuelo, o bombardear al pueblo alemán por lo que hizo Hitler. Afortunadamente, no todas las mujeres juristas o dedicadas a la política opinan lo mismo, pues son conscientes que un error no se corrige con otro de igual calibre y consecuencias.

Una autora norteamericana escribió un amplio artículo en el que preguntaba a sus compañeras de sexo:

«¿*Qué clase de ejemplo estamos dando a nuestras hijas pidiendo que ocupen puestos en la sociedad no por su valía, sino por su sexo?*» «¿*Cómo podemos aceptar que nuestros maridos o nuestros hijos varones sean desplazados de un trabajo solamente por ser varones?*»

Y siguió: «*Para nuestro exclusivo beneficio estamos desvalorizando a los hombres, quitándoles de sus derechos naturales, maniatados en su capacidad, castrados en su paternidad. La paternidad es un derecho natural, un derecho humano, y no debiera haber juez que osara quitársela. Sin embargo, se le priva de sus derechos más íntimos a favor de los derechos de la mujer. Yo soy mujer también, pero antes de nada soy persona y debo luchar contra esa injusticia que me beneficia.*

Los privilegios que reclaman algunas mujeres van en detrimento de su condición como personas, especialmente cuando a causa de un divorcio pretenden cuidar ellas solas a los hijos alegando que son capaces. Cuando lo consiguen, sus hijos crecen con la idea de que los padres, y los varones, no son necesarios en la sociedad, que las mujeres podemos hacerlo todo. Eso es sexismo, lo llamemos como lo llamemos.»

La articulista, por cierto una abogada de prestigio, dijo que esto es un efecto bumerán que se vuelve contra la familia y luego contra la mujer, pues enfrenta a ambos sexos y crea rencores en los hijos.

«*Sabemos* –siguió explicando– *que en el derecho de familia sólo hay soluciones menos malas. Sabemos que hay padres que se olvidan que son tales, pero también ocurre con algunas mujeres y eso lo vemos cuando se encuentra un recién nacido tirado en un cubo de basura. Igualmente sabemos que existen buenos padres que sí quieren a sus hijos y que quieren seguir siendo tales, incluso después del divorcio. El problema es que terminan desanimados y frustrados al verse reducidos a visitadores esporádicos de sus hijos y pagadores de una pensión. Las madres pasan desde ese momento a disponer de la familia, excluyendo de ella a la familia de su ex marido, y disponen del dinero otorgado por el padre con entera libertad, decidiendo también a qué colegio deben ir los chicos, las visitas al médico, los vestidos más adecuados, sin olvidarnos del factor más importante, la educación religiosa y social.»*

La conclusión que sacamos de este razonado artículo es que la mayoría de los hijos han perdido a su padre, salvo para el pago de las pensiones. El otro interrogante que mantiene esa abogada norteamericana es si verdaderamente la mujer, por su condición de madre, sabe cuidar mejor a los hijos que el varón. Posiblemente en las antiguas familias, en las cuales el varón pasaba casi todo el tiempo fuera de casa trabajando y la mujer se quedaba como ama de casa, fuera cierto, pero ¿hay alguien que pueda olvidar que ahora, desde hace treinta años, las cosas no son así? Hoy día la mujer trabaja mayoritariamente fuera de casa, los hijos se cuidan primero en una guardería y posteriormente en el colegio, al mismo tiempo que los varones hacen la compra, cambian pañales y saben cocinar. ¿Por qué mantener unos criterios y leyes que ya no corresponden a nuestra sociedad actual?

Nosotros demandamos siempre lo mejor para los hijos y nadie en su sano juicio puede pensar que la presencia diaria de su padre le puede perjudicar afectivamente o en los estudios. Los hijos encuentran en cada uno de sus progenitores valores y elementos que le sirven para ser felices, en primer lugar, y luego para desarrollarse adecuadamente. La carencia de uno de ellos nunca le puede aportar beneficios, sino problemas. ¿O acaso vamos a soslayar la realidad? Todos sabemos que el criterio preestablecido de otorgar a la madre mayores beneficios para los hijos que al padre es sencillamente sexista y ha supuesto que algunas mujeres abusaran de ello y se convirtieran en las protagonistas de los procesos de divorcio. Al saberse protegidas por leyes discriminatorias, se aprovechan de ellas y actúan reclamando sus derechos, muchas veces manipulando una situación que, más que redundar en beneficio de sus hijos, supone solamente un castigo indirecto al ex marido.

Para algunos juristas lo importante en esos hijos de divorciados es que tengan alimentos, horas de estudio y algunas visitas a su padre bien planificadas, pero con ello habrán perdido un derecho humano, a su vez fundamental: crecer con una figura paterna no subvalorada y, sobre todo, sin el afecto directo y fecundo que su padre le puede otorgar. Esas resoluciones judiciales olvidan que, para cada hijo, madre y padre son iguales y sus amores igualmente vitales.

¿Qué pasará con estas generaciones que están creciendo así, con el menosprecio hacia la figura paterna, dedicada solamente a aportar dinero? Todos sabemos que se recoge lo que se siembra, pero las injusticias legales hacen daño a varias generaciones, y eso lo saben y lo han sufrido anteriormente las mujeres.

«Cuando me escapé de casa, mis padres se dieron cuenta de lo que quería decir y alquilaron mi cuarto.»

Woody Allen

El nuevo reglamento de la Unión Europea sobre los divorcios y protección de los hijos que se aplica desde el año 2001

Según una noticia publicada en los diarios, los ministros de Justicia europeos aprobaron recientemente el reglamento sobre el reconocimiento y la ejecución de sentencias matrimoniales y de responsabilidad parental sobre los hijos comunes en territorio de la Unión Europea, con la única excepción, por el momento, de Dinamarca. La aplicación de este reglamento se produjo en los primeros meses de 2001 y desde entonces se informó sobre el nuevo procedimiento unificado a los operadores jurídicos, especialmente jueces y magistrados.

Esta disposición se aplica a los procedimientos civiles relativos al divorcio, a la separación judicial y a la nulidad de matrimonios, así como a los procedimientos relativos a la responsabilidad parental sobre los hijos comunes. Son competentes para resolver sobre estas cuestiones los órganos jurisdiccionales del Estado miembro en cuyo territorio se dé alguna de estas circunstancias:

▸ La residencia habitual de los cónyuges, o la última residencia habitual, cuando uno de ellos todavía resida allí.

▸ La residencia habitual del demandado o, en caso de demanda conjunta, la residencia habitual de uno de los cónyuges.

▸ La residencia habitual del demandante si ha residido allí desde al menos un año inmediatamente antes de la presentación de la demanda, o de la residencia habitual del demandante, si ha residido allí al menos los seis meses inmediatamente anteriores a la presentación de la solicitud.

Respecto a la responsabilidad parental sobre un hijo común, son competentes los órganos jurisdiccionales del Estado miembro en los que se presenten demandas de divorcio, separación judicial o nulidad matrimonial. Si el hijo no reside habitualmente en el país, los órganos jurisdiccionales serán competentes cuando al menos uno de los cónyuges ejerza la responsabilidad parental y la competencia de las autoridades haya sido aceptada por los cónyuges y sea conforme con el interés del hijo.

Ley reguladora sobre la relación entre abuelos y nietos tras un divorcio

El pleno del Senado español aprobó una moción que pretende garantizar que la relación de los nietos con sus abuelos no se vea trastocada tras un divorcio. El objetivo es proteger el interés del menor, pues se considera que hasta ahora la regulación actual relativa a los lazos entre nietos y abuelos tras una ruptura matrimonial no es «satisfactoria» y se pretende que los tribunales reconozcan la importancia de éstos de forma automática. Aunque esta ley puede hacer aún más dilatados los procesos de divorcio, se aseguró que no es ése el objetivo, sino el de «generar una cultura nueva de divorcio» que tenga en cuenta a los familiares más cercanos cuando hay niños por medio.

«Un hombre de éxito es aquel que gana más dinero del que su esposa puede gastar. Una mujer de éxito es aquella que puede encontrar a semejante hombre.»

Lana Turner

02

VÍCTIMAS DE UN DIVORCIO

En un estudio realizado en Latinoamérica se dice que, según las estadísticas, de cada tres parejas una se divorcia, llegando a la conclusión de que la causa estriba en que nuestra sociedad ha anulado los principios éticos, morales y religiosos acerca del matrimonio. Lo habitual es que ahora los jóvenes que se casan ya no están seguros de que su pareja va a ser la definitiva y pactan una «cláusula emocional y privada», en la cual se dicen que si las cosas no marchan bien, maravillosamente bien, la mejor solución y la única es el divorcio.

Apenas hay una pareja de recién casados, o de futuros esposos, que no afirme frecuentemente que «si no me va bien, me divorcio», especialmente desde que saben que muchos de los divorciados manifiestan lo felices y libres que se sienten ahora. En su mente ya existe una nueva pareja, pues están seguros que Dios, o el destino, les tiene reservado en algún lugar una persona mejor que la anterior. Esa creencia de que Dios o el buen karma les apoyará de forma idónea en sus vidas es ciertamente una trampa emotiva muy seria, pues ya sabemos que el destino nos lo labramos nosotros. Ahora apenas hay nadie que siga opinando que el matrimonio es para toda la vida y si alguien mantiene esa posición será abiertamente criticado. Es más, podemos asegurar que en caso de conflicto de pareja habrá más personas a nuestro alrededor que nos aconsejen el divorcio, que quienes nos digan que la felicidad y la estabilidad de una pareja se debe trabajar día a día, sin desmayo.

Pero si solamente pensamos en el matrimonio que se separa, nos olvidaremos de otro aspecto poco estudiado y es que también afecta a todos los integrantes de la familia, muy especialmente a los hijos; por eso no es prudente asegurar que, ante el primer conflicto matrimonial, la mejor opción es el divorcio, como una nueva oportunidad de alcanzar la «felicidad». Nuestro deber, puesto que en la disolución quedan afectadas muchas personas, es pensar en el daño que vamos a hacer a tantas personas y, en consecuencia, luchar más por conservar la unión que por deshacerla.

TAN PEQUEÑOS Y TAN POCO CONSULTADOS

Una vez que ya hemos decidido irreversiblemente recurrir al divorcio, debemos ser conscientes de que los hijos pequeños, y frecuentemente los mayores, no aceptarán nuestras razones. Aunque se les diga reiteradamente que «esto es lo mejor para todos», ya sabemos que nos referimos a nosotros. Existen estudios psicológicos muy serios e imparciales que demuestran que los hijos de divorciados quedan afectados más intensamente y durante más tiempo que aquellos que viven en un hogar en donde los padres discuten frecuentemente. A los hijos les preocupan los hechos que se están dando en su familia, los cuales le están lastimando, y se sienten confundidos e inquietos por no poder visualizar su futuro como hacían antes. Aun así, lo peor es cuando se les obliga a decidir con cuál de los dos padres quieren vivir. Si hay un trauma horroroso para un niño pequeño, es ese momento. Estas situaciones no se deberían dar nunca si los jueces, sistemáticamente, otorgaran la custodia compartida a ambos padres, con visitas diarias, pero todos sabemos qué clase de leyes inhumanas tenemos actualmente en este sentido. Se dice que el régimen de una visita cada quince días por parte de uno de los padres es lo «mejor para el hijo», algo que no hay nadie en su sano juicio que confirme esta postura. La ausencia de uno de los padres solamente ocasiona pérdidas (afectivas, de protección, de seguridad, de compañía) al niño, nunca beneficios.

Si los jueces de familia y los abogados hubieran interrogado a más niños y con mayor frecuencia, olvidándose un poco de los adultos, sabrían ya con certeza qué quieren los niños y podrían legislar con mayor precisión. Los niños piensan que ellos son en cierto modo culpables de lo que está ocurriendo, que sus padres (o al menos uno de ellos) ya no les quieren, que son poco importantes para ellos al no tenerles en cuenta y ser conscientes del daño que les están haciendo para solucionar un problema que no es suyo. Pronto, e incluso antes de la separación, se convierten en un objeto más que discutir y es manipulado para hacer daño al otro. Cuando la custodia debe decidirse, nadie habla a favor del niño y su necesidad de ambos padres, pues los dos pleitean y discuten para llevárselo consigo e impedir que el otro padre le visite tantas veces como el niño quiera.

Con el tiempo dicen que las heridas cicatrizan y que los hijos son los que primero se recuperan, pero todos sabemos que no es así. En ellos alberga ya el miedo al futuro, la hostilidad al matrimonio, la inseguridad, el rencor por lo que ha tenido que vivir, la sensación de sentirse diferente a otros, por lo que, si decide formar un hogar, tendrá en la mente desde el primer día la posibilidad del divorcio. Los padres entregaremos a nuestros hijos la idea del matrimonio como una bendición o maldición, según como haya transcurrido nuestra unión.

Parece ser que nadie tiene en cuenta que los hijos tienen que compaginar sus propios conflictos con las crisis de sus padres, y cuando en el divorcio está en marcha, en lugar de permanecer al margen se sienten como elementos de venganza, son manipulados, ignorados como personas y reducidos a la calidad de objetos. Por si fuera poco, y como los padres están sumidos en una intensa alteración emocional que les desequilibra, los hijos ni siquiera pueden confiarles sus ansiedades y temores.

La mejor solución, si éste es su caso, es que ninguno de los dos prive al niño del cariño, tiempo y comprensión de sus dos padres, y en lo posible evite que el ritmo de vida del niño cambie significativamente, y en esto se incluye la compañía diaria.

Analizando el sufrimiento de los niños

Una vez admitido que el divorcio es un acontecimiento doloroso para los niños y que repercutirá de una u otra forma en su desarrollo, deberemos procurar que logren superar este evento, aunque casi nunca la ayuda de un psicólogo puede suplir la pérdida de uno de sus padres y la rutina familiar que tenía.

La primera consecuencia es la sensación de desamparo por la pérdida parcial de uno de sus padres, pues cada uno le aportaba beneficios en su vida y carácter. Pronto se da cuenta que no solamente vive con uno solo de sus padres, sino que quien tiene la custodia pasará menos horas a su lado, pues ahora el peso del hogar no compartido le obliga a ello. Además, el custodio estará deprimido, aturdido, lo mismo que a quien tiene que ver unas pocas horas a la semana. Esto les ocasionará una situación poco favorable para ayudar adecuadamente a sus hijos, lo que generará en el niño confusión, angustia, tristeza y enojo contra uno de los padres o contra ambos. Si tenemos que comparar ese momento, veremos que es similar a la muerte de un familiar próximo.

Hay algunos factores que determinan el mayor o menor sufrimiento del niño:

▸ La edad y nivel de autosuficiencia antes del divorcio.

Paradójicamente, cuanto menor es el niño mejor se recupera, lo mismo que cuando muere uno de sus padres. Si ha mantenido sus aficiones privadas, sus horas libres al margen de los padres y posee su mundo particular, le afectará bastante menos.

▸ El ambiente familiar de su entorno, el colegio y la vecindad.

Si la familia se enfrenta a los cónyuges o, peor aún, si lo hace hacia uno de ellos, las posibilidades de que el pequeño encuentre horas de paz serán pocas. También es importante que se hable de ello en el colegio para que allí le cuiden, lo mismo que los vecinos.

‣ Los esfuerzos y la capacidad de los padres para mantener al niño fuera de las peleas.

Esta postura tan ideal parece casi imposible de mantener, por buenas intenciones que se tengan. Si resulta imposible evitar las peleas y los insultos, debería encontrarse el modo de que algún familiar cuide al niño el mayor tiempo posible.

‣ Características del padre que no tenga la custodia.

Suele ser el más perjudicado afectivamente y si el pequeño está muy ligado a él soportará mal su ausencia.

‣ El apoyo de otros miembros de la familia, de uno y del otro, y los amigos cercanos. El niño necesita alguien con quien hablar que no sean sus padres.

‣ Los padres solamente podrán tranquilizarle sobre su pesimista futuro, pero posiblemente sean las personas menos adecuadas para que se desahogue con ellos.

‣ La llegada de un nuevo cónyuge.

La presencia de una nueva pareja, que hará las veces de padre o de madre, supone un choque emocional sumamente intenso. En la medida de lo posible este cambio debe introducirse de manera paulatina, pero sin apartarle de la presencia cotidiana de su padre real.

‣ El cambio de su lugar de residencia o de su rutina diaria.

La ruptura de sus horas de comida, ocio y estudio, así como la pérdida de su sitio habitual para dormir y vivir, suelen ser factores altamente estresantes para el niño. En la medida en que sea posible, debe continuar pasando la mayor parte del día en su domicilio habitual.

Cómo afecta al hijo el divorcio, según su edad

Además de los condicionantes anteriores, las estadísticas demuestran que hay una patología psíquica diferente según la edad del niño. De cualquier modo, y aunque hay quien siga manteniendo que el divorcio no es muy perjudicial para los hijos, no se conoce ningún beneficio y solamente se encuentran problemas que el niño deberá superar algún día, o nunca.

2,5-5 años
Hay trastornos del sueño, irritabilidad contra los padres y las personas mayores, angustia, necesidad de ser abrazado, poco deseo de jugar, temor intenso a verse abandonado y solo.

5-8 años
Tristeza manifiesta, sollozos en solitario y, cuando vuelve a ver a sus padres discutir, sentimientos de ser rechazado por ellos o no ser atendido, nostalgia por el padre que se va, fantasías de retorno de este padre ausente, creyendo que eso será posible algún día. Posible disminución del rendimiento escolar.

9-12 años
Renuncia a comentar su problema. Intensa ira contra uno o ambos padres, sin que sirvan para nada los esfuerzos para demostrarle cariño. Descenso del rendimiento escolar. Deterioro de las relaciones con los compañeros, especialmente con aquellos que se muestran muy afectuosos y dependientes de sus padres. Pérdida de la relación con uno de sus padres, pues es fácilmente captado como aliado por el otro.

Adolescencia
Hostilidad hacia uno o ambos padres por no haberle permitido tener una infancia normal y feliz. Depresión, absentismo escolar, en ocasiones abuso de alcohol y drogas, intentos de suicidio en solitario.

OTROS MIEMBROS DE LA FAMILIA

Hermanos
Salvo que los recursos económicos de los padres sean abundantes, resulta muy difícil que en una familia numerosa se pueda dividir a

sus cuatro hijos, dos con cada padre. De cualquier modo, no hay una solución menos mala. Si existe división, los hermanos pierden el contacto entre sí, y si todos los hijos permanecen en una misma casa, pierden el contacto al unísono con el progenitor que no tenga su custodia. Creer que todos los hijos de una familia están igual de ligados al padre que a la madre, es olvidar las grandes diferencias afectivas que existen en una misma familia.

Abuelos

Parece innecesario recordar que en cualquier familia hay cuatro abuelos y, por tanto, cuatro personas que sufrirán las consecuencias del divorcio. Las personas mayores, además, están muy ligadas a sus nietos y frecuentemente se ocupan de su cuidado y educación. La ruptura brusca, las hostilidades en la pareja y el sufrimiento que perciben en su familia les causará un daño moral y físico del que posiblemente ya no se puedan recuperar.

Primos, tíos

Posiblemente sean los menos perjudicados afectivamente y constituyen en ocasiones el refugio anímico para los niños de divorciados, pues con frecuencia son intermediarios válidos. Si no toman partido por ninguno de los cónyuges y, simplemente, se dedican a ayudar sin establecer juicios críticos, son un buen recurso para suavizar estas situaciones.

> «Creo que el secreto entre una pareja es que a los dos les guste hacer las mismas cosas, no que un día sufra uno y al día siguiente el otro.»
>
> Woody Allen

CUSTODIA COMPARTIDA

Parece increíble, pero esta situación, que es la más favorable, no es de cumplimiento obligado por ley, algo sensato cuando estamos hablando de menores. Si anterior al divorcio la ley exige severamente que ambos padres se responsabilicen del cuidado y mantenimiento (afectivo y económico) de sus hijos, parece una incongruencia que una vez divorciados no se les exija con la misma diligencia. El mantenimiento económico parece lo único que cuenta para los juristas y el cónyuge que se queda con los hijos, pues pocos hablan de la necesidad emotiva que tienen los hijos de estar con ambos padres diariamente.

Ventajas

▸ Ambos padres ven su sufrimiento disminuido por no perder lo que más quieren. El hecho físico de tener que seguir cuidándoles diariamente les otorga aliciente a su vida.

▸ Ninguno de los dos queda marginado, lo que implica un sentido justo de las leyes.

▸ No hay peleas sobre los horarios, ni días de visitas, puesto que los derechos y obligaciones de cada uno quedan igual a cuando vivían juntos.

▸ Ambos padres se equiparan en cuanto al tiempo libre y así pueden organizarse su vida personal y profesional. Al no tener uno solo de ellos toda la responsabilidad del cuidado, puede intentar con mayor facilidad una nueva vida afectiva y social.

▸ Compartir lo que antes compartían les hace nuevamente humanos, casi miembros de una familia, y les hace solidarios con los problemas de sus hijos. Esto les puede llevar a menos enfrentamientos posteriores y a mantener cierta solidaridad por una causa común.

▸ Mayor cooperación por el bienestar de los hijos, lo que se traduce en una mayor eficacia y satisfacción personal. Las hostilidades por la custodia de los progenitores no existen y con ello se evita un foco de tensión continuado.

▸ Convivencia igualitaria con cada uno de los padres, lo que evita que un nuevo matrimonio pueda desplazar en el cuidado al padre que no tenga la custodia. Los hijos sienten que no han perdido a ninguno de los dos y beneficia su estado emotivo observar los esfuerzos de sus progenitores para estar cerca de ellos.

▶ Cuando las nuevas uniones se materializan, la incorporación de hermanastros no añade problemas, puesto que supone el aumento de la familia, no el desplazamiento de la anterior.

▶ La comunicación entre todos fomenta la concordia, pues en situaciones en las cuales uno de los padres necesita tiempo libre, por motivos personales o laborales, siempre contará con la colaboración del otro. No se recurrirá a ayudas externas para que atiendan a los hijos durante las ausencias, del mismo modo que tampoco se recurría cuando el matrimonio estaba unido.

▶ Menos problemas en general. La cooperación en la custodia elimina problemas legales, económicos, afectivos, y los hijos no se ven inmersos con tanta intensidad en un problema que puede durar hasta su mayoría de edad.

▶ Buen modelo para los hijos. Los niños aprenden a que no siempre el matrimonio podrá ser eterno, pero al menos saben que con inteligencia y cordura los problemas a resolver mediante acuerdos, en vez de litigios, serán beneficiosos para todos.

Desventajas

▶ Ambos padres deben procurar para sus hijos casas debidamente acondicionadas, así como ropas y juguetes duplicados, aunque estas cuestiones, como es obvio, no perjudican al niño.

▶ Es necesario que los hogares estén próximos, salvo que duerman en casa de uno y coman en el del otro. También obliga que ambos padres tengan que realizar uno o más viajes al día hasta la otra casa, o el colegio, pero eso será, nuevamente, un problema para los padres.

▶ Se necesita cierta flexibilidad o independencia laboral, pero esto se soluciona buscando acuerdos entre ambos padres, mientras que con el régimen de visitas es el juez quien decide.

▸ Los hijos se tienen que adaptar diariamente o cotidianamente a dos casas y con frecuencia a dos familias. Cada hogar tiene sus hábitos, reglas, horarios y personas, lo que al principio obliga a cierta adaptación.

▸ Hay ciertas cosas que el hijo no podrá disponer nada más que en una de las casas (por ejemplo, el ordenador), lo mismo que posiblemente deba llegarse a un acuerdo de dónde es mejor que realice la comida del mediodía o el baño. También habrá que acordar quién le lleva a la peluquería, al médico e incluso al parque de atracciones.

«El matrimonio es una gran institución, pero yo no estoy a favor de ninguna institución.»

Mae West

PATRIA POTESTAD COMPARTIDA

Este severo y escrupuloso artículo –que, por su extensión e importancia de los fundamentos que allí se desarrollan, recomendamos consultar en su integridad en la Prosecretaría de Jurisprudencia de la Cámara Civil bajo el enunciado «Patria potestad y tenencia compartida»– merece ser tenido en cuenta en cuanto a sus conclusiones y a los argumentos que desarrolla, con relación a la realidad de la familia hoy. Comentamos aquí un resumen de las cuestiones que el mismo plantea o resuelve, porque lo consideramos de sumo interés para todos aquellos profesionales dedicados al Derecho de Menores, de Familia, los constitucionalistas, y para los abogados en general, porque cada uno de ellos es padre o hijo en una familia.

El fundamental interés del fallo consiste en reivindicar la misión y rol de los padres, el valor de su opinión conjunta para velar acerca del bien del hijo y el señalamiento del camino jurisprudencial para la resolución de las cuestiones vinculadas con el derecho de patria potestad y su ejercicio cuando el ordenamiento nacional no se adecua a la contemplación del «superior interés del menor».

UN ARTÍCULO PUBLICADO EN UN PERIÓDICO MEXICANO

«... Si se considerara una barrera infranqueable lo dispuesto en el art. 264, inc. 2 del Código Civil para otorgar la tenencia compartida a ambos padres, bastaría recordar la pirámide de jerarquía en cuanto a las normas».

H. Kelsen

«Nuestra Constitución Nacional ha consagrado en la cúspide de la pirámide los convenios y tratados internacionales al considerarlos complementarios de las disposiciones de la ley fundamental (art. 75, inc. 22)... Los señores magistrados deben operar considerando modificadas o derogadas las disposiciones que vulneren, desconozcan, restrinjan o contradigan los derechos de la infancia, sin necesidad de que tales disposiciones infraconstitucionales sean expresamente abrogadas o reformadas»... (fallo dictado por la Sala «J» de la Excma. Cámara Civil de la Capital Federal, con fecha 24/XI/1998).

En el caso planteado, dos padres que se divorcian conforme a los artículos 225 y 236 del Código Civil convienen para sus hijos «la tenencia y guarda compartida», por considerarse ambos con idoneidad para velar por la protección y formación integral de sus hijos. Manifiestan ambos padres que ese régimen se ha probado exitosamente desde la separación de hecho e invocan, en sustento del mismo, las disposiciones de la Convención Internacional de los Derechos del Niño, ofreciendo el informe de la Asistenta Social designada por el propio Juzgado y el del instituto escolar al que acuden los niños acerca del bienestar de éstos, según el régimen propuesto de convivencia con ambas partes. Reiteran idéntico pedido en la segunda audiencia del divorcio. La señora jueza de Primera Instancia resuelve dictando el divorcio pero rechazando lo convenido respecto de la tenencia y guarda de los hijos, en razón de contraponerse con lo dispuesto por el art. 264 inc.2 del C.C., que otorga la guarda de los hijos a la madre.

Esta resolución, que se nos antoja sexista, discriminatoria, y que vulnera los derechos de los padres sobre los hijos otorgando a una persona ajena poderes irracionales, fue revocada y tuvo su respuesta por el Tribunal de Segunda Instancia de la capital mejicana.

▸ El art. 264. CC pone en cabeza de ambos padres la titularidad y el ejercicio en la patria potestad, y ello implica un juicio de valor respecto de ambos.

▸ La ley privilegia el vínculo triádico padre-madre-hijo en lugar del diádico madre-hijo o padre-hijo, sin perjuicio de las eventuales adecuaciones que haya que realizar a los casos particulares.

▸ La interpretación de la ley debe realizarse en consecuencia con el propósito que inspiró la elaboración de la misma.

▸ La ley no prohíbe la tenencia conjunta, simplemente no la legisla, aunque la ausencia de normas no permite olvidar que los niños necesitan siempre a ambos padres.

▸ Sólo justifica el rechazo de la propuesta de ambos padres, en cuanto a compartir responsabilidades y duplicar la atención respecto de los hijos, si tal acuerdo resultara perjudicial a éstos.

▸ Los jueces deben operar considerando modificadas o derogadas las normas que vulneren, desconozcan, restrinjan o contradigan los derechos de la infancia, sin necesidad de que las mismas sean expresamente derogadas o reformadas.

▸ La jurisprudencia consagra en la cúspide de la pirámide de jerarquías de las normas jurídicas los convenios y tratados internacionales; entre ellos, la Convención de los Derechos del Niño, y así lo ha considerado la Excma. Corte Suprema de Justicia. La Convención citada presta atención primordial al Superior Interés del Niño y esto bastaría, en el caso, para superar la barrera que ha considerado infranqueable en lo que se refiere a lo dispuesto por el art. 264, inc. 20 del

Código Civil, ya que el informe de la defensora de menores de la Cámara sugiere que los menores –de doce y diez años– refieren estar comprometidos y bien estimulados por ambos padres, y no hay motivos aparentes que justifiquen la modificación de lo acordado por ellos respecto a compartir la tenencia.

▶ Son los padres los que están en condiciones de establecer cuál es el mejor interés del hijo, cuando ambos están de acuerdo, ya que esto importa ventajas: ambos se mantienen guardadores, ambos se equiparan en cuanto a organización de su tiempo y vida personal y profesional, los hijos mantienen la convivencia con cada uno, se les presentan menos problemas de lealtades y se elimina de este modo el padre periférico.

▶ Sólo se justifica el rechazo de la propuesta de ambos padres, si tal acuerdo resultara perjudicial a éstos.

▶ Se ha comprobado que el progenitor que no tiene la guarda se muestra menos dispuesto al contacto con sus hijos a medida que transcurre el tiempo.

▶ Si la IX Conferencia Internacional Americana ratificada por nuestro país se expidió acerca de la igualdad de los derechos del hombre y la mujer y la no discriminación entre los sexos, preferir a la madre en contra de la voluntad de ambos padres produce entre éstos desbalance de poder.

▶ La decisión de primera instancia es contraria a la voluntad de todos los integrantes de esta familia, que después de la sentencia reestructuró en una mediación el régimen de convivencia, decidiendo la continuación del ejercicio compartido.

▶ Lo resuelto no coincide con los fallos de segunda instancia, en cuanto a evitar cambios en la situación de los menores para lograr su estabilidad, cuando esta situación conviene a éstos.

▶ El proyecto de compartir responsabilidades paternas respecto del hijo excede al de elegir el lugar de residencia de éste. Después del divorcio, los padres deben redefinir los conceptos tradicionales de la familia y sus roles, reorganizándose para el futuro. La reconocida necesidad de estabilidad del menor deber ser definida más en términos relacionales que en términos geográficos y temporales.

▸ Hoy en día es indudable que un niño necesita continuar el contacto que tenía cuando la familia estaba «intacta» con ambos padres. Esto lo garantiza la permanencia de los cuidados parentales y, con ellos, el mejor cumplimiento de las funciones afectivas y formativas.

▸ El padre es algo más que un mero rival con el que el sujeto compite por el amor de la madre. Es el representante del orden social, como tal, y sólo identificándolo con su padre se puede lograr el ingreso del hijo al mundo del orden. Es indudable el reconocimiento que efectúa el fallo del valor de los roles femenino y masculino después de la evolución de criterios sufrida por la legislación, la doctrina y la jurisprudencia nacional e internacional, que parte a principios de siglo desde el ejercicio de la patria potestad, sólo en manos del padre, y que pasa luego a la madre en casos de separación o de divorcio.

▸ El fallo atribuye importancia a la no discriminación entre los sexos y a la equiparación de poderes, expresando que otorgar la tenencia a uno sólo de los cónyuges, cuando ambos se reconocen el uno al otro con iguales capacidades para cuidar y ocuparse de sus hijos, es producir entre ellos un desbalance de poder.

▸ Compartir la tenencia de los hijos luego del divorcio es como mantener viva a la familia en lo referente a las redes intervinculares de resguardo que ella aporta a los niños. Implica madurez por parte de los padres al separar la conyugalidad de la parentalidad. Conlleva beneficios para hijos, madres y padres después del divorcio.

«Cuando afirmé que moriría soltero es que no pensaba vivir hasta que me casara.»

W. Shakespeare

ESTUDIOS COMPARATIVOS ENTRE AMBAS FORMAS DE CUSTODIA

Los siguientes estudios, en principio objetivos, demuestran los resultados prácticos y reales de la custodia compartida o monoparental.

▸ La mayoría de los chicos con la custodia monoparenteral alegan no estar satisfechos con las horas y días de visita del padre ausente, mientras que la mayor parte de los que están bajo custodia compartida parecen razonablemente felices con esta forma de convivencia. La calidad de las relaciones entre ambos se muestra con el tiempo mejor, existiendo menos rencores que con otros sistemas. También se ha demostrado que cuando la custodia la tiene un progenitor, el padre ausente se termina convirtiendo poco más que en un tío lejano, una persona a quien se le besa al llegar o con quien se pasea durante unas horas.

▸ Otros estudios realizados en países diferentes de habla latina demostraron que después de dos años de divorcio los hijos bajo tenencia compartida poseían un ego y una autoestima mayor que los chicos bajo tenencia materna exclusiva. También se encontró que estos niños que compartían ambos padres estaban menos agresivos y eran menos impacientes que los otros, aunque cuando no superaban los cuatro años de edad las diferencias eran menores.

▸ También se demostró que los siete años de edad establecidos casi como norma para que los hijos queden al cuidado de las madres no era una edad correcta, y solamente se encontraron ventajas hasta los tres años de edad. Esta ventaja quedaba prácticamente anulada cuando el niño era cuidado la mayor parte del día en una guardería.

▸ Respecto a los padres con custodia compartida con hijos entre cuatro y diez años, ambos estaban más felices así que con la otra opción. Uno porque podía estar con sus hijos todos los días, y el otro porque no veía su vida esclavizada cuidando de sus hijos en solitario. Los hijos, por su parte, todos confesaron estar plenamente satisfechos con el tiempo que pasaban con cada uno de sus padres y sentían así a sus padres involucrados en su vida. También hay que destacar las mayores posibilidades laborales y de relación social que ambos padres pueden tener después de un divorcio con este tipo de custodia.

▸ Cuando se compararon veinte chicos bajo custodia compartida con veinte en custodia materna exclusiva, se demostró que los chicos bajo tenencia compartida estaban incluso mejor adaptados a sus madres que los de custodia materna. Los mejores cambios al divorcio se encontraron en aquellos niños que estaban más tiempo con el padre, aun cuando habitasen de forma exclusiva la casa materna. Cuanto más tiempo pasaron los niños bajo custodia exclusiva materna peor se adaptaron al divorcio.

▸ Otro estudio con niños de entre cinco a trece años de edad con distintas custodias, demostró siempre que aquellos bajo custodia compartida eran igual de felices que los demás niños de padres unidos.

▸ Finalmente, cuando se analizó el estrés emocional de los niños inmersos en las primeras fases de un divorcio, se encontró que tanto las chicas como los chicos en situaciones de tenencia materna exclusiva mantenían más hostilidad a ambos padres que los de custodia compartida.

«El matrimonio son tres anillos: el anillo de compromiso, el anillo de bodas y el del sufrimiento.»

Anónimo

03

¿TUYOS O NUESTROS?

En un análisis efectuado por el doctor Francisco David Castro sobre los problemas psíquicos que conlleva el divorcio, se afirma que una de las causas que más impulsa a tomar esa drástica decisión es la falta de comunicación entre los cónyuges. La razón es el mal entendido sentido de la independencia, que nos transforma en seres egoístas, interesados en nuestros propios deseos y poco dados a comprender las necesidades de la pareja.

> «Según las estadísticas, el número de separaciones y divorcios en el mundo occidental ha sufrido un lamentable incremento en los últimos años. Esto, amén de innumerables razones, indica el fracaso de una sociedad que está perdiendo su horizonte. Porque si la familia es el núcleo fundamental de la comunidad, ¿cómo puede sostenerse aquélla sin la base y los cimientos de ésta?»

David reconoce, como casi todos, que los más perjudicados son los hijos, pues junto con el temor a su futuro está la desilusión, la tristeza y la crítica precoz hacia el mundo del adulto. Con el tiempo reprochan a sus padres que no hayan sido capaces de solventar sus diferencias y mantener aquello que un día formaron, aquello en lo que un día creyeron y sobre lo que depositaron sus esperanzas e ilusiones.

«Una de las funciones principales del matrimonio es la educación de los hijos; el proporcionar a la colectividad individuos íntegros, formados en los valores fundamentales del hombre (ética, moralidad, convivencia...). Personas que puedan aportar al mañana coherencia y sentido común. Y esto sólo es posible, desde mi punto de vista, si esta formación se apoya sobre la estructura de una familia consolidada y estabilizada (en todos los sentidos). Pero poco podrán aportar a la formación de sus hijos quienes hacen de ellos instrumentos de venganza, moneda de cambio, motivo de discusiones.»

Resulta paradójico que los jueces, a quienes se les llena la boca cuando hablan de los beneficios de los hijos, sean los causantes de que el divorcio se eternice, de que los hijos no vean apenas a uno de sus padres y de condenar a ambos, o a uno solo, poco menos que a la ruina económica.

«Si lo realmente importante son ellos, los hijos, como suelen decir quienes se erigen en dueños/as y señores/as de sus vidas, ¿por qué no preguntarles? ¿Por qué las decisiones las toman unilateralmente, pensando más en sí mismos/as que en sus hijos? Quizá porque, si les consultasen, descubrirían que el niño quiere por igual a uno y otro, a su padre y a su madre... y eso no conviene.»

Al lado de la pareja están los mayores causantes del dolor de esa familia disuelta: los abogados. Empeñados más que nada en «ganar el caso», en favorecer a su cliente aun a costa del sufrimiento del otro («es mi cliente», dicen) y en atacar y perjudicar «al contrario» como si de un asesino se tratara, estas personas, empleando artimañas legales, consiguen quitar a uno de los cónyuges la casa, el dinero y, por supuesto, la custodia de los hijos. Y una vez que el juez ha dictado sentencia favorable para su cliente, se felicitan y le felicitan, pues, por fin, han conseguido lo que pretendían: destrozar al «enemigo».

«Cuando verdaderamente existe el amor real, y no pertenencia económica interesada, no queda más solución que llegar a un entendimiento entre los padres. La pareja está rota, pero el fruto del amor que unió a esa pareja está aquí, y ése debe ser el objetivo fundamental para los que dicen que aman. Su educación, su formación, va a depender de los dos por igual, a partes iguales, y no "educando" uno y "pagando" otro. Compartiendo tiempo y experiencias, conocimientos, continua y constantemente, sin "regalos" de visitas cada X tiempo, sin habituales cambios de domicilio, sino demostrando de verdad a los hijos y a su propia conciencia, que éstos tienen unos padres con los que pueden contar. Unos padres que, aunque no vivan juntos, continúan demostrándose un mínimo afecto, responsables y conscientes de que ellos, sus hijos, son lo más importante de sus vidas, y que por ellos, por su bien, harán cualquier cosa, hasta convencerse de que esos hijos son obra de dos en lo bueno y en lo malo.»

«Lo que se hace a los niños, los niños lo harán a la sociedad.»
Karl Mannheim

LAS MADRES MODERNAS

La tradicional ama de casa, dedicada por entero a su familia, organizando todo (incluso el dinero), lavando y fregando todos los días del año, sacando horas al sueño para zurcir los calcetines de sus hijos, haciendo el amor con su marido «para complacerle», y posteriormente viuda llena de recuerdos, ya no existe. En su lugar, y debatiéndose entre lo que sienten y lo que le dicen que debe sentir, entre sus aspiraciones personales y las de su familia, está ahora una mujer que sigue sin encontrar el papel que le haga plenamente feliz.

Las mujeres occidentales todavía no se sienten a gusto con las conquistas realizadas, pero todavía quieren ser madres, aunque de uno o dos hijos, no más. Con sus expectativas feministas que le dicen que no deben apoyarse en ningún varón para ser felices, y su necesidad para ser independientes económicamente, se ven inmersas en no pocas contradicciones, sin saber ciertamente qué las hace verdaderamente felices. Indudablemente quieren ser madres, pero no dedicarse las veinticuatro horas del día a sus hijos; quieren ser esposas, pero sin estar supeditadas a los deseos del marido; quieren un hogar, pero ejerciendo el control sobre el orden y la limpieza, esta última compartida con el cónyuge.

También quieren el control de la natalidad, pero compartiéndolo con el varón, aunque son conscientes que ellas disponen de más medios anticonceptivos que los hombres. Y si el embarazo indeseado llega, quieren disponer de su cuerpo para tener o no tener el hijo, lo que la lleva a no pocas hostilidades con su pareja, quien también se siente partícipe al 50 por ciento.

En el supuesto de no estar casadas, quieren libertad sexual, pero necesitan que los hombres se comprometan con ellas, que no sean objetos de usar y tirar. Pero, como contrapartida, si deciden romper una relación quieren que sea de manera rápida, sin dramatismos o violencia.

OPINIÓN DE UNA MUJER ANÓNIMA

«Creo que las mujeres somos algo contradictorias en cuanto a que, por una parte, queremos tener una independencia profesional y económica, y por otra, nuestros genes y sentimientos tradicionales –esposa, madre, ama de casa– entran en una seria contradicción y en un conflicto interno sin aparente solución. Hablamos de libertades sexuales para nuestros hijos, pero los diferenciamos en la práctica según tengamos varones o hembras, inculcándoles los valores que consideramos tradicionales: prudencia y recato para las hijas, mientras que para los hijos somos más permisivas y les pedimos que no dejen embarazadas a las chicas y que tengan cuidado con las enfermedades sexuales. A ellos solamente les exigimos cuidado, pero a ellas les pedimos abstinencia, salvo que exista un amor serio.»

«Queremos dar una imagen de mujer moderna, autosuficiente, pero seguimos exigiendo al varón que sea fuerte, valiente, que se preocupe de la familia y que nos proteja. Lo más conflictivo, y sede de no pocas disputas, se refiere al trabajo compartido en el hogar, en el cual la mujer exige la misma responsabilidad, pero bajo nuestras normas sobre el cómo, el cuándo y el dónde. Si conseguimos que el trabajo del hogar sea compartido plenamente, ciertamente estará a nuestro gusto, pero no estoy tan segura que mi pareja opine lo mismo.»

«Y respecto a las relaciones sexuales, creo que existen muchos mitos que nos dicen que a los hombres siempre les apetece hacer el amor y a nosotras nos duele frecuentemente la cabeza. Esto es solamente un mito porque realmente los medios anticonceptivos nos han permitido manifestar nuestros deseos. Estoy convencida de que son los embarazos nuestro único freno. En la actualidad, con nuestra mentalidad más liberal, consideramos que las relaciones sexuales son una necesidad fisiológica y emotiva, aunque sigamos sin estar de acuerdo en la frecuencia y en ocasiones en el modo.

En la adolescencia se cree que el romanticismo previo es lo mejor de la relación de pareja, pero luego nos damos cuenta que sexo, mente y espíritu forman un grupo con el cual conseguimos la plenitud.»

«Mi consejo a la mujer moderna es que siga utilizando la sutileza y otras armas femeninas empleadas a lo largo de la historia y que han sido capaces de parar no pocas batallas, para conseguir de sus parejas aquello que no deberían lograr con el

«Una escena entre un hombre y una mujer tiene siempre tres versiones distintas: lo que dice el hombre, lo que dice la mujer y lo que realmente ocurrió.»

León Daudí

LA PATERNIDAD

Resumen de la conferencia realizada en el departamento de Ciencias Políticas de la Universidad de Howard en 1999, bajo la dirección de Stephen Baskerville:

«Sabemos que la crisis de la paternidad había sido objeto de tratamiento bajo varias disciplinas y que la mayor parte de los teóricos de la política tenían algo que decir sobre el papel de la paternidad en la sociedad civil y el rol del padre como elemento esencial en el desarrollo del ciudadano. También sabíamos que cualquier movimiento social involucra inevitablemente a la política, tanto internamente como externamente, pues posee una conexión directa con la sociedad.

También somos conscientes de que hay un debate con gran carga política que resultaba imprescindible llevar a esta problemática, pues si bien la crisis de la paternidad se ha dejado sentir durante mucho tiempo y más intensamente en las minorías, ya es un asunto generalizado. Si esto es algo cierto, y los datos parece que lo aseguran, significa que, en tanto presenciamos la destrucción de la paternidad en las minorías, estamos simultáneamente presenciándola para la mayoría, para toda la sociedad.»

«También puede significar que las experiencias de la minoría en décadas recientes en cuanto a otros asuntos, como los derechos civiles, son aplicables aquí. Por ello, si tomamos como referencia las lecciones de los movimientos pro derechos civiles que pudieran ser de mayor provecho para aquellos de nosotros que asumen la tarea de fortalecer la paternidad, la única manera de

mejorar este aspecto es luchar uno mismo, no esperando que lo hagan las leyes o los políticos. Hasta ahora los padres hemos asistido inmutables a los movimientos mundiales en contra del papel de los varones en las familias; sin embargo, tarde o temprano tendremos que afrontar y decidir los nuevos cambios.»

«Existe el inquietante hecho de que, con la excepción de los criminales convictos, ningún otro grupo social hoy tiene menos derechos que los padres –no padres solteros, ni divorciados, sino simplemente padres–. Pero incluso los criminales tienen derecho a un proceso adecuado, a conocer los cargos que se les formulan, a un abogado y a un juicio. Un padre puede ser privado de sus hijos, su hogar y los ahorros de su vida, así como de su libertad, sin contar con ninguna de estas garantías constitucionales. Su delito, o su problema, o la causa para perder sus derechos más elementales, es estar casado con una mujer.»

«En ningún lugar como en la política judicial resulta más evidente la criminalización de la paternidad. Paradójicamente, esos mismos tribunales son los que lucharon por cambiar las leyes a favor de los derechos civiles, y en quienes hemos delegado el papel de guardianes de nuestros derechos constitucionales de individuos y minorías. No obstante, para los padres y las familias en general, la justicia no sólo ha fracasado en la protección de los derechos constitucionales, pues se ha convertido en el manipulador principal de los mismos.

Aparentemente, contando con un poder ilimitado, los juzgados de familia de los Estados Unidos están fuera de control. Ya no son tribunales para administrar justicia, pues aunque ellos dicen aplicar las leyes realmente se dedican a saquear a los padres: una gran cantidad para los abogados y el resto para las ex esposas. Aunque sus labios se llenan de palabras como "el mejor interés del niño", lo que hacen es utilizar a nuestros hijos como armas y como elementos de castigo para los padres.»

«Es aterrador e innegable que el brazo del Estado que llega con más profundidad a las vidas privadas de individuos y familias hoy por hoy es el juzgado de familia. Malcom X describió una vez a un juzgado de familia norteamericano como un "esclavista" (negrero) moderno y, más recientemente, West y Hewlett han escrito que "el proceso entero en casos de divorcio y custodia de hijos parece saltarse la mayor parte de las garantías constitucionales". La misma noción de "juzgado de familia" –ahora apoyada por un vasto ejército de asistentes sociales– debería alertarnos del peligro, pero sin embargo, lejos de poner a estas instituciones en observación, les damos virtualmente un poder total y sin control. Parecen tan inmunes a cualquier auditoría que Robert W. Page, juez presidente del Juzgado de Familia de la Corte Suprema de Nueva Jersey, escribió que "el poder de los juzgados de familia es casi ilimitado".

Hemos presenciado en el curso de nuestra historia las consecuencias que conllevan tratar a toda una clase de ciudadanos como si el Acta de Derechos no les fuera de aplicación. La historia es una prueba indeleble de las consecuencias de la violación de los derechos fundamentales de las personas, casi siempre en favor de otros sectores de la población. Esta división entre ser esclavo de las leyes de un país y gozar al mismo tiempo de ciertas libertades, fue descrita por Lincoln con gran acierto, aunque advirtió que la única solución es escoger uno de los dos sistemas.»

«Como sociedad, estamos permanentemente en peligro de olvidar lo que hemos aprendido, y creo que recordárnoslo es el papel adecuado y la responsabilidad de los docentes. En mi opinión lo que estamos presenciando hoy con respecto al divorcio puede ser la caza de brujas institucional más masiva de la historia de este país. Rara vez antes hemos visto, a tal escala, detenciones masivas sin juicio, sin cargos y sin asesoría legal, en tanto que los medios de comunicación social y los defensores de las libertades civiles miran hacia otro lado. Nunca antes hemos visto a funcionarios del Gobierno meterse con tanta libertad en los hogares de ciudadanos particulares que han sido acusados de nada, simplemente por estar inmersos en un caso de divorcio y custodia de hijos. Con el riesgo de parecer alarmista, quiero señalar que no habíamos presenciado el uso habitual de los hijos contra los padres desde los días de los regímenes comunistas de Europa del Este y de la Alemania nazi. Nunca antes hemos presenciado el robo sistemático de hijos reducido a una rutina burocrática y, para revocar las separaciones forzadas entre hijos y padres en tal escala, debemos retrotraernos aún más atrás, antes del comunismo y el nazismo. Europa guarda un amargo recuerdo de esa época, pero los norteamericanos estamos haciendo igual, pero con la ley en la mano. De hecho, debemos retornar a los días de la esclavitud en América para identificar una época en que el poder del Estado se empleaba para romper familias a la fuerza, en una escala comparable a lo que sucede hoy día.»

El matrimonio es cuando un hombre y una mujer dan vueltas entre sí; el problema empieza cuando ellos intentan decidir cuál se pondrá encima.

CIFRAS

▸ El 64 por ciento de los hogares españoles están compuestos por padre, madre e hijos.

▸ El 58 por ciento de las norteamericanas con hijos trabajan fuera de su hogar.

▸ El 75 por ciento de las españolas casadas y con hijos manifiestan su deseo por trabajar fuera.

▸ El 50 por ciento de las españolas dicen sentirse culpables por trabajar fuera de casa si los hijos son pequeños.

▸ El 72 por ciento de las personas se muestran favorables al divorcio.

▸ En la última década, el número de divorcios ha aumentado un 150 por ciento.

▸ El 85 por ciento de varones divorciados vuelve a casarse, mientras que en las mujeres llega al 75 por ciento.

▸ El 90 por ciento de varones divorciados se vuelve a casar con una mujer soltera, mientras que las mujeres lo hacen preferentemente con divorciados o viudos.

▸ La media de edad para divorciarse son los treinta y cinco años.

▸ Después de los cuarenta años solamente se divorcian un 15 por ciento de los hombres y el 12 por ciento de las mujeres.

▸ El 71 por ciento de los separados piden el divorcio antes de dos años.

▸ La mayoría de los divorcios ocurren después de los siete años de matrimonio. Solamente un 10 por ciento de los matrimonios se divorcian después de veinte años de casados.

▸ El 23 por ciento de los niños norteamericanos viven solamente con la madre.

▸ En España hay 250.000 familias con un solo padre al frente.

▸ El adulterio es habitual en más del 75 por ciento de las sociedades mundiales.

▸ Según un estudio, el 35 por ciento de los casados manifiestan ser o haber sido adúlteros: la cifra entre hombres y mujeres es ya prácticamente igual.

▸ El 52 por ciento de las mujeres se quejan de la poca colaboración de su pareja en las labores del hogar.

▸ La separación es más frecuente en la medida en que aumenta el sueldo de la mujer.

▸ La mayoría de los divorcios coinciden cuando el marido se queda en paro.

▸ El 60 por ciento de las separaciones las inicia la mujer, mientras que la mayoría de los divorcios los demandan los varones.

▸ El 50 por ciento de las parejas piensan en reconciliarse.

▸ En el 65 por ciento de los hogares que se deshacen viven niños.

▸ Después de cinco años del divorcio efectivo, el 37 por ciento de los niños siguen manifestando depresión y trastornos del comportamiento.

▸ A pesar de todas estas cifras, el 90 por ciento de las personas se casan.

Se hacen matrimonios pensando en llegar al cielo, pero solamente encontramos truenos y relámpagos.

04

UN TRAUMA QUE NUNCA HAY QUE MINIMIZAR

Ciertamente cuando una persona comenta su deseo de comenzar un proceso de divorcio encontrará más personas que le impulsen a ello que opositores. Conocedores desde hace tiempo del sufrimiento y las quejas que esa persona lleva manifestándole, con rapidez le dirán esa frase mágica de: «Me parece muy bien». Otras frases que también escuchará son: «Para seguir sufriendo es mejor que te separes», «Tienes derecho a rehacer tu vida cuanto antes», «Con una persona así no hay quien viva», «Si yo estuviera en tu caso ya me habría divorciado». Y justo esta última recomendación es la más interesante, puesto que esa persona que tan alegremente habla no está «en su caso».

Los taurinos dicen aquello de «qué bien se ven los toros desde la barrera» y, aunque yo no sienta ningún interés por este espectáculo macabro, debo reconocer que han sabido definir con precisión la postura de los consejeros. Nadie debería aconsejar un divorcio a otras personas, puesto que, desde el momento en que comience el largo proceso, legal y material, la tortura psicológica y los problemas que esa persona va a soportar serán enormes. El otro, el hábil y sagaz consejero, permanecerá tan tranquilo en su hogar, posiblemente pensando y razonando con los suyos lo afortunados que son por llevarse bien. Pondrán como ejemplo a su desdichado amigo que lleva unos meses peleando con abogados, jueces y cónyuge, y hasta es posible que se molesten cuando les llama reiteradamente por teléfono en demanda de consuelo.

Aconsejar a alguien que se divorcie es tan insensato como recomendar que se case, que deje ese insufrible trabajo, que se someta a una operación quirúrgica delicada o que se enfrente a un vecino violento. ¡Qué fácil es dar consejos así! Pero puesto que quien debe afrontar el problema es el otro, al menos no le empujemos a ello y, en su lugar, tratemos de encontrar un punto de concordia entre las partes en conflicto.

Decía Sigmund Freud, ese psicoanalista que tanto sabía sobre los traumas escondidos en nuestro cerebro, que:

> «Cuando una relación amorosa se rompe no es extraño ver surgir el odio en su lugar, circunstancia que nos da la impresión de una transformación del amor en odio. Cuando esto ocurre, el odio, que está realmente motivado por consideraciones de realidad, es reforzado por la regresión del amor a la fase sádica del desarrollo del ser humano.»

Para entender algo mejor a este sabio investigador de la mente humana, podemos empezar por averiguar qué entendemos por Amor:

Se considera así el afecto o la inclinación a una persona o cosa. Por eso hay tantas clases de amor, entre ellas:

▸ El *amor a Dios*, tan universal y extraño que no sabemos si es un aprendizaje o un sentimiento natural. Por amor a Dios la gente hace obras de caridad, sacrificios inmensos y son capaces de dedicar toda su vida solamente a ayudar al prójimo. Tan intenso es ese amor, que cientos de personas se recluyen en lugares apartados durante toda su existencia y hasta hay quien desea morir cuanto antes para unirse con su dios. Otros, paradójicamente, matan a sus semejantes para que no ofendan a su dios, sacrifican animales para calmar su ira y hasta elevan enormes templos que servirán como locutorio perfecto para comunicarse entre ambos.

▸ La *pasión* que atrae un sexo hacia el otro, aunque para algunos no es amor, pues hay que amar el «interior» de las personas, dicen, no su físico; pero ya me dirán cómo podemos abrazar y besar el alma de las personas. Las mujeres se suelen quejar que «solamente queremos su cuerpo», pero deberíamos recordarles que el amor hacia una persona es el fruto de unir varias facetas, entre ellas su comportamiento, sus gustos, su forma de vestir, su lenguaje y, por supuesto, su aspecto físico.

▸ *Amante* es una palabra que suena bien o muy mal, según quien la comente. Amante es quien ama, lo que nos parece bien, pero como ahora solemos referirnos casi exclusivamente a quien mantiene relaciones adúlteras con nuestro cónyuge, ya suena diferente. Cuando la prensa menciona que tal dúo de personas son amantes se refiere ya a una relación criticable, pero también se emplea cuando queremos asegurar que esa pareja «de amantes» ni siquiera tienen interés en consolidar su amor; si así fuera, dejarían de ser amantes y se casarían. Para simplificar, puede decir que su mujer y usted se aman, pero nunca que son amantes.

▸ *Amor* es también el esmero con que se trabaja en una obra deleitándose en ella y el cariño otorgado a cualquier cosa o persona, afición, imagen o filosofía. Esta clase de amor lo solemos expresar con alegría, sumisión, deseo de agradar, o coleccionando cosas relacionadas, como ocurre con las aficiones o las imágenes de la divinidad. Cuando el amor se refiere a personas o animales, también empleamos caricias, requiebros, sonrisas y regalos, pues nuestra intención es contagiar a la persona amada de nuestra felicidad.

▸ Pero con mucha frecuencia este amor nos causa *dolor*, pues no hay sensación más intensa que perder al objeto de nuestro amor. En ocasiones, o habitualmente, ese dolor se manifiesta solamente por miedo a perderlo, como cuando un hijo se marcha y tarda en volver más de lo habitual, o cuando vemos a nuestra pareja sonriendo a alguien a quien consideramos un competidor.

‣ El *amor al uso* es un arbolito malváceo, de ramos cubiertos de borra fina, hojas acorazonadas, angulosas, y con cinco lóbulos, pedúnculos casi tan largos como la hoja y flor cuya corola es blanca por la mañana, algo encarnada al mediodía y rosada por la tarde. Se cría en la isla de Cuba y se cultiva en los jardines de Europa. Por su parte, el *amor de hortelano* es una planta rubiácea, parecida al galio, de tallo ramoso, velludo en los nudos y con aguijoncitos echados hacia atrás en los ángulos, verticilos de ocho hojas líneales, lanceoladas y ásperas en la margen y fruto globoso lleno de cerditas ganchosas en su ápice.

‣ El amor *platónico* se refiere al amor sexual en el que el amante no pasa de desear la posesión de la persona amada y el bien de ésta; y por extensión, de toda forma de amor en la cual no hay actividad en el amante para lograr el bien o la perfección de aquello que ama. También se dice de quien ama más el alma que el cuerpo de la persona amada, o de quien, amando incluso el cuerpo, solamente obtiene el alma.

‣ Respecto al *amor propio* es aquel que una persona se profesa a sí misma, y especialmente a su prestigio. Casi siempre va seguido del afán de mejorar la propia actuación.

‣ *Amor seco* no tiene nada que ver con la acritud sino que se refiere a diversas especies de plantas herbáceas cuyos frutos espinosos se adhieren al pelo o a la ropa.

‣ Al *amor del agua* es una expresión que indica que se va con la corriente, navegando o nadando, aunque también se dice para dejar correr las cosas que debieran reprobarse.

‣ Al *amor del fuego* es cuando hablamos de estar cerca de ella, o de él, mientras que *a su amor* se traduce mejor por holgadamente.

▸ Con *mil amores* o de mil amores quiere decir con mucho gusto, de muy buena voluntad.

▸ Hablamos de *por amor de Dios*, como queriendo pedir gracia, clemencia o justicia.

▸ *Hacer el amor* es una expresión que se puso de moda en los años 70, a propósito del movimiento mundial contra la guerra en el Vietnam y que tenía como eslogan «Haz el amor y no la guerra». Ahora se refiere casi exclusivamente a realizar el acto sexual.

▸ *Por amor al arte* indica gratuitamente, sin obtener recompensa por el trabajo.

«¿Por qué nos alegramos en las bodas y lloramos en los funerales? Porque no somos la persona involucrada.»

Mark Twain

ODIO

Ya sabemos que del amor al odio hay un solo paso y que éste se cruza con una rapidez inaudita, en cuestión de minutos. No sabemos cómo ello es posible, pero algo se mueve en nuestro interior bruscamente cuando la persona amada manifiesta no querernos y mucho más intensamente cuando nos dice que ama a otra persona.

Éstos son algunos matices sobre el sentimiento del odio:

▸ *Tener odio* es mantener antipatía y aversión hacia alguna cosa o persona cuyo mal se desea. Siempre odiamos a quien nos ha hecho daño, pero el sentimiento es intenso cuando no esperábamos ese comportamiento y, mayor aún, si antes nosotros hemos sido buenos con esa persona. Cuando el odio nos invade todo el cuerpo hay repugnancia y deseos de devolver el daño.

▸ *Te odio* es una frase que se dice frecuentemente, aunque realmente no es así y en realidad le estamos indicando que su comportamiento o palabras nos están haciendo daño.

▸ *Mereces que te odien* no implica que nosotros sintamos así, aunque es un aviso de que en el futuro probablemente nos unamos a este sentimiento. Podríamos considerarlo como un aviso para que esa persona rectifique su comportamiento.

▸ *Digno de odio* se dice de quien contraría los designios o las presunciones que las leyes favorecen. También de quien hace uso y abuso de ciertos privilegios odiosos.

▸ *Hacerse odioso* es un defecto que muchas personas llevan consigo, pues de no ser así no nos explicaríamos ciertos comportamientos. Suelen despertar antipatías frecuentemente.

▸ *Es odioso* se refiere también a ciertos viajes largos, interminables, y en los cuales abundan las aventuras adversas y desfavorables al viajero. Por extensión, sucesión de peripecias, por lo general desagradables, que le ocurren a una persona.

«*Se debería estar siempre enamorado. Por esta razón uno no debe casarse nunca.*»

Oscar Wilde

UNAS AYUDAS PARA SOPORTAR LA TENSIÓN EMOCIONAL

Llorar, remedio maravilloso

Parece ser que la cantidad de lágrimas no tiene una relación directa con el dolor que sentimos, ya que sucesos aparentemente inocuos nos producen un baño de lágrimas, mientras que otros con dolor profundo apenas nos dejan esbozar un ligero lagrimeo imperceptible. En ese mismo sentido, los niños son de lágrima fácil, las mujeres más que los hombres; los ancianos dicen que se comen sus lágrimas, mientras que las lágrimas de cocodrilo son una forma de mentir para conseguir nuestros fines.

Lo más probable es que las lágrimas sean un mecanismo de expulsión para nuestros sentimientos, de la misma manera que lo son los gritos o el sudor, los cuales empleamos de manera inconsciente para liberarnos de algo que nos hace daño. Pero lo curioso del caso es que también podemos emplear el lloro para librarnos de una tensión emocional o para expresar nuestra alegría, del mismo modo que podemos emplearlo para implorar ayuda, coaccionar a otra persona o, simplemente, para lubricar un ojo reseco o expulsar un cuerpo extraño. Todo ello nos deja bien claro que las lágrimas son un extraordinario mecanismo corporal que puede solucionar muchas cosas.

En muchas ocasiones lloramos demasiado poco en relación con el dolor y en otras circunstancias tanta lágrima no está justificada y sin embargo parece que nos recreamos en la cantidad, hasta el punto de que alguien nos cede su pañuelo. Lloramos de rabia, por pura hipocresía (así disimulamos), falsamente (Nerón fue un ejemplo de ello), sin una causa que lo justifique (lágrimas de cocodrilo, dicen), por cuestiones de imaginación (somos los protagonistas de una película ficticia), en sueños (es el lloro más profundo de todos), antes de que nos hagan daño (los niños lloran antes de que les pongan la inyección), durante el daño (lógico), después de ello (el recuerdo nos traiciona), por pura ternura (un recién nacido), de felicidad (cuando nos toca la lotería), en la marcha y el regreso de un ser querido (chocante, pero cierto), voluntariamente (para buscar consuelo), involuntariamente (podemos quedar en ridículo) y hasta cocinando (la cebolla, ¿recuerdan?).

Todas estas situaciones, y algunas docenas más, solamente se dan en el ser humano y esto que nos debería hacer felices nos importuna bastante. No siempre es agradable que los demás conozcan nuestras emociones, aquello que pertenece solamente a nosotros. Con las lágrimas nuestro mecanismo de defensa queda a merced del enemigo, del interlocutor, y ya no podemos disimular. Si nos aman aprovecharán para darnos un beso, pero si nos odian será la señal para atacarnos sin piedad.

Sin embargo, y al margen de todas las consideraciones anteriores, lo más increíble es que podemos llorar lo mismo de felicidad que de tristeza, dormidos que despiertos, cuando alguien muere y cuando otro nace.

La tensión emocional destroza los nervios

La mayoría de las personas que se consideran «nerviosas» reconocen que lo son y que les gustaría corregirse; sin embargo, encuentran tantas justificaciones a sus alteraciones, tantos culpables, que se resignan a su desgracia y no encuentran caminos para la estabilidad.

La patología del «nervioso» y sus justificaciones para serlo no son nuevas y una simple conversación con cualquiera de ellos será una copia exacta de otra que podamos tener con cualquier afectado del mismo síndrome. Son tan iguales que los psicólogos establecen en seguida su diagnóstico certero con ellos. Lean sus frases más habituales y si ustedes se identifican con al menos un 50 por ciento de ellas entrarán a formar parte de esa legión de incondicionales del nerviosismo.

▸ «Me gustaría llevarme bien con mi ex, pero me pone nervioso» (Usted llega ya nervioso al diálogo).

▸ «No logro integrarme en un grupo de personas porque me pongo nervioso.»

▸ «No consigo concentrarme en mi trabajo» (Piensa demasiado en su ex).

▸ «Es que mis nervios me traicionan» (No lo diga después de armar un altercado).

▸ «Cuando alguien me contradice soy muy agresivo y luego me arrepiento» (Así no encontrará soluciones pactadas).

▸ «No sé qué camino tomar y esto me altera» (Deje que su conciencia le guíe).

▸ «Sé que es difícil convivir conmigo a causa de mis nervios, pero no puedo evitarlo» (Ese examen de conciencia llega tarde).

▸ «La culpa de ello lo tiene esta sociedad en la que me ha tocado vivir» (Deberá buscar otro lugar).

▸ «No soporto el ruido.»

▸ «No te soporto y me pongo nervioso nada más verte» (Quizá debería empezar usted dando un beso).

▸ «Mi trabajo me tiene estresado» (El hogar debe ser un reducto de paz).

▸ «Lo que necesito es evadirme de mis problemas, aislarme de la gente que me incordia» (Pruebe a interesarse más por las personas).

▸ «No encuentro paz interior» (Si su conciencia está tranquila, encontrará esa paz).

▸ «Estoy tan nervioso siempre que luego me faltan fuerzas para mi trabajo» (Haga el amor y no la guerra).

Y mil ejemplos más

Mientras que en otras alteraciones o problemas del carácter la persona afectada se siente enferma y que necesita ayuda médica, la persona «nerviosa» siempre encuentra un culpable, sea compañero, familiar, trabajo o entorno. Esto es especialmente intenso en casos de problemas de pareja, pues no hay mal cuyo culpable absoluto no sea ese cónyuge que nos ha tocado en desgracia. Es como cuando tenemos una infección, que echamos la culpa a la bacteria que nos está molestando y nunca a nosotros mismos, que le hemos dado la oportunidad de desarrollarse en nuestro interior. Sin embargo, detrás de muchas personas consideradas nerviosas hay enfermedades perfectamente definidas y que deberían ser tratadas adecuadamente por un profesional, evitando así que bajo el epígrafe de «nervios» permanezcan sin solución trastornos mucho más serios.

Éstos son algunos ejemplos:

▸ La persona tiene pocos síntomas externos, controla hasta cierto punto sus reacciones, pero su comportamiento difiere del de la mayoría y son sus familiares quienes establecen el diagnóstico de que debe ir al médico.

▸ Un *neurótico* no suele dar problemas a los demás, pero se hace un gran daño a sí mismo.

▸ Hay personas para las cuales el contar sus problemas internos a los demás le causa más daño que asimilarlos. Por eso es frecuente que nos enteremos a última hora del proceso de divorcio de nuestros amigos o familiares.

▸ Hay que distinguir entre quienes manifiestan «nerviosismo» solamente en un ambiente determinado (familiar, laboral o social), pero su comportamiento es normal en los demás, de quienes tienen problemas en todos los lugares y situaciones. Solamente en estos casos hay que hablar de trastornos de la personalidad.

▸ Para ayudar a una persona no hay que establecer patrones rígidos de la conducta. Lo que a nosotros nos gusta puede desagradar a otro.

▸ El *negativismo* se caracteriza por una falta total de las responsabilidades propias o del deseo de mejorar su situación familiar. Esto lleva a la persona a abandonar el hogar, al histerismo y a refugiarse en las drogas o grupos marginales.

▸ Los *prejuicios* generalizados conducen casi siempre a una vigilancia exagerada sobre los peligros del exterior y también a almacenar en los recuerdos una colección de agravios y personas causantes. Su mente es muy capaz de almacenar durante años detalles y supuestos daños que su pareja le ha causado.

▸ Las *fantasías* nos pueden llevar a un callejón sin salida al imaginar un mundo idílico tan alejado de la realidad o tan difícil de lograr que nos haga despreciar el que tenemos. Las ensoñaciones sobre hombres perfectos, amores puros o vida familiar paradisíaca, nos conducirán a la soledad y a comportamientos excéntricos. Estas personas evitarán, por tanto, la vida íntima, en pareja o familia, ya que dan por supuesto que nada va a resultar como necesitan. Sin embargo, la diferencia entre las fantasías esquizoides y las normales estriba en que la persona enferma no lucha por conseguir ese mundo que sueña y el otro va detrás de su mundo de fantasía.

▸ La persona nerviosa suele acabar casi siempre convertido en un *hipocondríaco*, pero no solamente en el aspecto de su salud sino en cuanto a la vida en sí. Suele ver la vida desde un prisma tan negativo, tan lleno de peligros, que todo le da miedo.

▸ La *autodestrucción* consiste en volverse contra uno mismo, en hacerse daño tanto físico como mental. El cortarse la melena después de un disgusto amoroso, negarse a comer, el abandono del aspecto externo, el cese de toda búsqueda de trabajo o arañarse la cara, son algunos ejemplos de desequilibrio nervioso que puede llevar incluso al masoquismo.

▸ También es frecuente encontrar personas que *fingen*, que niegan sus problemas y sobre todo que niegan que les afecten. Como si fueran actores, interpretan el papel que más les gusta y aunque estén profundamente enamorados dicen «pasar» de la persona amada. Cuando algo les duele dicen que no tiene importancia y ni siquiera van al médico y hasta se ríen a carcajadas delante de la gente para demostrar que a ellos la vida no les afecta en absoluto.

▸ Hay quienes pagan sus culpas con terceras personas, por supuesto no causantes de su mal. Esto, como sabemos, convierte a los hijos en víctimas involuntarias de los problemas de los padres.

▸ Otros *responsabilizan* siempre a sus parejas de sus males y esto les lleva a refugiarse con frecuencia en quienes ellos consideran sus salvadores, los que les van a dar sentido a su vida. Suelen ir en busca de alguien que les solucione sus problemas, que les haga sentirse felices; en suma, que les den algo. Para ellos, su felicidad está siempre en manos de otros.

UN POCO DE HUMOR NO NOS VIENE MAL

Para las mujeres

▸ No se corte el pelo. Es la vida. Así tendrá su enemiga un lugar para agarrarla cuando se peleen.

▸ Si hace una pregunta de la que teme su respuesta, espere que le respondan lo que no quiere oír.

▸ A veces, hay hombres que no piensan en usted. Se trata de su marido.

▸ Líbrese de su gato. Ya encontrará alguien mayor que quiera ronronear encima de sus piernas.

▸ Fútbol, tenis o cualquier otro deporte. Incite a su pareja a que practique el deporte más antiguo del mundo.

▸ No cambie con la luna llena o las mareas, así le tendrá siempre prevenido.

▸ Si usted piensa que está gorda, es porque ciertamente lo es.

▸ Ir de compras no es un deporte, aunque llegue a casa agotada.

▸ Algo de lo que hace está bien. Seguro que sí, pero repítalo de cuando en cuando.

▸ Usted tiene bastante ropa, demasiados zapatos, pero debe esconderlos para que le regalen más.

▸ La mayoría de los hombres solamente tienen dos o tres pares de zapatos; aun así, tienen problemas para elegir el mejor.

▸ Llorar es un chantaje, así que llore más y mejor.

▸ Su hermano es un idiota, su ex novio, un imbécil y su padre probablemente también. Por eso, pídales lo que quiera.

▸ Si quiere que una fecha, no se le olvide ponga una señal en el calendario. Si la pone en el servicio, tampoco se le olvidará a su marido.

▸ Responda siempre con un «Sí», «No» y «Mmm», así evitará que la critiquen por su manera de pensar.

«Todo el mundo debe casarse; no es lícito sustraerse egoístamente a una calamidad mundial.»

Moisés Saphir

DÍA DEL PADRE

El siguiente razonamiento, o queja, es de un maltrecho ciudadano chileno

«Posiblemente muchas de las lacras y violencia que hay ahora en la sociedad occidental se daban a la carencia de la tradicional figura del padre. Pero algún mérito cabe reconocerse a la celebración del Día del Padre, la cual se va tornando tradicional en casi todos los países y que sirve para que los políticos, las feministas y la sociedad en general vuelvan a reconsiderar la importancia del padre en la formación de los hijos.

Los que presumen de modernos son en realidad retrasados de noticias (y de otras cosas), pues no cesan de repetir que la madre es más importante que el padre en la formación de los hijos, ignorando así todos los avances de la psicología del último cuarto de siglo. Pero, lo que es peor, con esa mentalidad obsoleta, que por desgracia se encarna y perpetúa en leyes y costumbres, abonan entre los hijos la hostilidad hacia la figura del padre o, al menos, el despego, y cuando no el enfrentamiento.»

Necesitamos padres

«Ahora Chile es un país lleno de madres abnegadas, en ocasiones manipuladoras, y de padres ausentes porque perciben que la sociedad los menosprecia y los relega al simple oficio de proveedores económicos de los hijos y frecuentemente de las madres de éstos. Sobre los hijos nada que objetar, pero resulta humillante mantener de por vida a una persona que te odia y a quien odias.

Las cárceles están llenas de individuos que nunca tuvieron en su niñez un padre detrás que les cuidara y dirigiera, que les permitiera y les controlara, papel que algunas mujeres han querido llevar sobre sus hombros. Un hecho estadístico es que entre los jóvenes que se han precipitado a la drogadicción o a la violencia casi ninguno carece de madre a su lado, incluso en las visitas a la cárcel, pero la mayoría apenas si recuerdan ya la figura paterna.

Creo que es el momento de dignificar y ensalzar la figura del padre, empezando por la Iglesia, quien dedica muchas más estatuas y horas de culto a la Virgen María que a San José. Ahora hay que enseñar a los niños en las escuelas a que hagan regalos al padre, que le den frecuentes besos y abrazos, que salgan con él de paseo. Es necesario "fabricar" miles, cientos de miles, de verdaderos padres, de individuos cariñosos pero firmes, que incentiven a sus hijos a abrirse al mundo, a jugar, a confiar, a soñar, a caminar con los propios pies. Un niño que ha tenido la suerte de contar con un buen padre será decidido y valiente sin caer en la agresividad.»

«Una casa será fuerte e indestructible cuando esté sostenida por estas cuatro columnas: padre valiente, madre prudente, hijo obediente, hermano complaciente.»

Confucio

Terrorismo con los hijos

«La prescindencia que muchos varones observan respecto de sus hijos es en numerosos casos fruto de una decisión dolorosamente racional. Obedece a que tras la separación conyugal, fenómeno cada día más frecuente en la sociedad, un elevado porcentaje de mujeres utilizan a los hijos cual botín de guerra en contra de sus ex maridos, aprovechando la persistencia de leyes injustas y obsoletas. No es de extrañar que tantos hombres opten por desentenderse de la situación, como una forma de cortar un vínculo de dependencia del que sólo pueden obtener sufrimiento.

En Chile esa situación persiste, pese a que a todos los políticos y asociaciones se les llena la boca en sus discursos hablando en contra de la discriminación por razón de sexo. Algunas, ciertamente no todas, se aprovechan de estas leyes en su propio beneficio. Ahora miles de mujeres ganan sueldos superiores a los de sus ex maridos, pero no sabemos de muchas que entreguen su aporte mensual en el reducido número de casos en que los niños fueron confiados por los tribunales al cuidado del varón. La custodia compartida, única forma humana de encarar un problema tan doloroso y de proteger efectivamente el interés de los niños, sigue sonando en nuestros oídos como una fórmula marciana.

Quizá se necesiten muchos "días del padre" para que los varones acumulen el valor suficiente para rechazar el discurso de las feministas beligerantes y opten por dignificar el papel de los progenitores, otorgándole el mismo rango e importancia que el de la madre, lo que debe traducirse en cambios de fondo en la legislación, pero sobre todo en la práctica social.

Un país sin padres es un país de huérfanos.»

El matrimonio es el triunfo de la imaginación sobre la inteligencia. El segundo matrimonio es el triunfo de la esperanza sobre la experiencia.

UNA NUEVA MIRADA A LAS REALIDADES DEL DIVORCIO
Artículo publicado en el *New York Times*

¿Qué sexo es el más culpable del divorcio?

Los predicadores conservadores y las feministas liberales se unen en su desdén hacia esos flirteadores que abandonan a sus hijos. Los periodistas (incluyendo a quien escribe) y los políticos de todas las tendencias, han condenado justamente a los «padres vagabundos». Incluso Hollywood se manifiesta abrumada por los caraduras que aparecen en la película «El Club de las Primeras Esposas».

Pero es que existe un problema con la percepción social convencional. En toda América al menos dos tercios de las demandas de divorcio son interpuestas por mujeres. Los investigadores que entrevistan a las parejas que se divorcian han constatado reiteradamente que, en casos en los que el divorcio no es por mutuo consentimiento, las mujeres tienen dos veces más probabilidades de ser las que rompan el vínculo. Tras la ruptura, las mujeres son, por regla general, más felices que sus «ex». Bueno, esto nos parece lógico, ya que habitualmente se quedan con la casa, la mitad de los bienes, los hijos, y reciben una pensión.

Esta tendencia ha inspirado lo que probablemente es el primer documento del Periódico Jurídico y Económico de América bautizado con el nombre de una canción de Nancy Sinatra. En «Estas botas están hechas para caminar», Margaret F. Brinig y Douglas Allen, ambos economistas, analizan todos los divorcios suscitados en el año 1995 (46.000 en total) en cuatro estados: Connecticut, Virginia, Montana y Oregón. Por distintas razones, ambos indagaron sobre qué resortes impulsan a una mujer a plantear una demanda de divorcio. Éstas son las conclusiones:

▶ Una de ellas sería huir de un marido que la maltrata, o de uno que es adúltero. Pero en el estado que arrojaba mayor índice de malos tratos, Virginia, sólo el 6 por ciento de los divorcios se solicitaban basándose en la violencia, y los maridos no eran más adúlteros que las mujeres en los casos estudiados.

▶ «Algunas mujeres piden el divorcio porque han sido explotadas en el curso de matrimonios desgraciados», dice la doctora Brinig, una profesora de Derecho en la Universidad de Iowa. «Pero parece que se trata de un número relativamente bajo, probablemente menos del 20 por ciento de los casos.»

▶ Otro impulso hacia el divorcio es la creencia de que tu pareja ya no es lo suficientemente buena para ti.

▶ También una mujer puede estar tentada a abandonar a su marido si él tiene menos éxito en la vida que ella.

▶ Los investigadores hallaron que aquellos miembros de la pareja con mayor nivel de educación, ya fueran hombres o mujeres, tenían claramente más probabilidades de solicitar el divorcio. Pero, nuevamente, estas clases de divorcio parecían representar menos del 20 por ciento de los casos.

▶ El factor clave en la mayoría de los casos resultó ser la cuestión de la custodia de los niños. Las mujeres son mucho más proclives a separarse porque, al contrario que los hombres, ellas no temen perder la custodia de los hijos. Por el contrario, un divorcio a menudo les proporciona un mayor control sobre los hijos.

El informe, que trataba de ser imparcial y objetivo, por eso estuvo dirigido por hombre y mujer, elaboró las siguientes conclusiones:

«La cuestión de la custodia eclipsa literalmente a las demás variables –dice la doctora Brinig–. Los niños son el principal problema de un matrimonio, y el cónyuge que espera obtener la custodia en exclusiva es el que tiene más probabilidades de instar el divorcio. La correlación con la custodia es tan fuerte, que ha cambiado la visión de las mujeres acerca de cómo preservar los matrimonios y proteger a los niños.

Antes, yo buscaba conseguir divorcios rápidos y sin culpabilidades, pero ahora opino que la clave reside en rescribir las leyes sobre custodia. En la mayor parte de los estados, incluyendo Nueva York, Nueva Jersey y Connecticut, las madres suelen luchar con la aspiración única de ganar normalmente la custodia de forma exclusiva. Afortunadamente para los varones, algunos estados han empezado recientemente a hacer de la custodia compartida la norma.»

«Mi experiencia profesional me inclina a pensar que ese cambio en las leyes parece estar resultando eficaz a la hora de mantener juntas a las parejas. Personalmente y también en otros colegas, he detectado un declive en las tasas de divorcio de los estados donde la custodia compartida es la norma. Y cuando las parejas se divorcian, los padres que comparten la custodia tienen menos probabilidad de negarse a pagar las pensiones de alimentos. Por ello debo mostrarme a favor de una ley similar a la proyectada recientemente en West Virginia, que establece como norma una parte de la custodia para cada progenitor, en función del tiempo que cada cual pasó con el hijo durante el matrimonio. Además, eliminando algunas de las sucias luchas legales que hoy día se entablan alrededor de la custodia, una ley así podría reducir el número de divorcios.»

«Es difícil de admitir, pero creo que algunos abogados se oponen a esta custodia compartida esencialmente por prolongar así los cauces legales, con lo cual ganan bastante más dinero. Hoy, la custodia es una manera –la única, en algunos matrimonios– de que las mujeres realicen un auténtico despliegue de fuerzas que les permita integrarse en el mundo laboral. Si elimina esa distorsión, es plausible que cambie la forma en que hombres y mujeres se relacionan entre sí y con sus hijos. Los padres podrían pasar más tiempo con sus hijos si saben que les podrán seguir viendo, incluso si el matrimonio no funciona. Las mujeres podrían ver a los hombres como padres, les valorarían más, y tendrían menos probabilidades de usar el divorcio como un sistema para el lucro personal.»

Yo no he hablado a mi suegra durante dieciocho meses... No me gusta interrumpirla.

05

HISTORIAS REALES

Estas cartas han sido recopiladas en la Red y responden a criterios muy personales de sus autores. Algunas de ellas son ciertamente ofensivas para el cónyuge y otras lo son en general al otro sexo. He procurado suavizarlas y entresacar solamente aquellas opiniones que sean de interés general.

CARTA UNO

«Soy un padre que obtuvo el divorcio cuando mis hijos tenían ocho y diez años, hace ya unos diecinueve años. Desde entonces, otras personas amigas se han igualmente divorciado, uno después de treinta y ocho años de matrimonio, pero ha sido al ver a sus hijos cuando he sabido lo que les afectó a mis propios hijos. El proceso me devastó y rasgó mi corazón.

Mi divorcio fue una historia diferente... con mucha hostilidad, pero no entraré en detalles a pesar de lo doloroso que resultó. Ya sabemos que el tiempo tiene una manera adecuada para curar el dolor y el enfado, y algunos viven lo suficiente para sobreponerse a ello. De hecho, mis propios padres divorciados tardaron diez años en volverse a ver, y en el último año hemos podido estar todos juntos varias veces.

Durante estos años, he llegado a comprender que los padres son ante todo personas. El divorcio nunca debe ser una opción más a reconsiderar antes de casarse, pues esto crea ya una predisposición muy negativa. Hay personas que manifiestan haberlo pensado incluso durante la ceremonia de bodas, mientras miraban a su futuro cónyuge de reojo. Ésa es una postura que se asemeja a una intención futura. Después, los niños imitan las acciones de sus padres y a menudo crecen pensando en que el divorcio es ok.

Mi consejo es que entrene a sus hijos en las ventajas de vivir en pareja, pues eso les asegurará no pocos beneficios y una vejez maravillosa.»

CARTA DOS

«He leído con gran tristeza que muchos de los comentarios realizados por padres divorciados que están comprometidos en batallas continuadas con sus ex cónyuges, se refieren al sufrimiento de sus hijos. Mi ex marido y yo fuimos muy infelices varios años antes de decidirnos a separarnos. En ese momento, nuestros niños tenían tres y seis años y a ambos nos aterraba la responsabilidad de separarles de uno de nosotros. Pero también teníamos claro que permaneciendo en un matrimonio que se había quedado vacío no era tampoco una buena solución para nadie, incluso para los niños.

Al final, mi anterior marido y yo apenas nos hablábamos. Mi mayor preocupación era que nuestros hijos continuaran teniendo a su lado a sus padres. Llegado a este extremo, escribí una carta muy larga a mi marido, que ya vivía en otra casa. En ella vertí fuera mi corazón, me disculpé por mi mal comportamiento con él, por el daño que le había hecho, y también aproveché para perdonarle por lo que consideré males por su parte. Después suavicé muchos de nuestros enfados y reproches, pues mi intención era enfocar nuestro cariño hacia los niños y sus necesidades. Veinte páginas o más duraba ya la carta, y al final le deseé lo mejor y le dije que nunca diría una palabra más para desacreditarle ante nadie, mucho menos ante mis hijos. Cerré con una posdata anunciándole que sería bien venido a mi vida si lo deseaba.

Esta carta sincera parecía ser un punto favorable para todos y así lo fue. Nosotros nunca tuvimos un acuerdo legal para visitar a nuestros hijos, pues él era igualmente libre de visitar a los hijos, llevarlos a excursiones, etc. En ocho años, no hemos tenido nunca la menor discordancia con respecto a las visitas ni la tendremos nunca más. Él acude a todas sus actividades escolares y está informado de todo lo que ocurre en sus vidas. A pesar del hecho de que él vive en otra parte, es y siempre será su padre, y yo hago todo lo que está a mi alcance para poder animarle a que mantenga un estrecho contacto con los niños. Cuando él empezó una relación con otra mujer, la invité a mi casa y desde entonces acude igualmente a las actividades de los niños. Como contrapartida, mi ex marido, ha sido sumamente generoso y fiable apoyando a los niños y puedo asegurar que ellos no se han visto obligados a sufrir por nuestro divorcio. Mi deseo es que todos los padres divorciados no enfoquen su enojo o desilusión hacia los hijos, ni el resto de la familia, y que piensen casi exclusivamente en el bienestar de sus niños. Puede hacerse y será mejor para todos.»

CARTA TRES

«He tratado de no caer en los errores de otras. Tengo tres niños, dos que viven conmigo y uno que vive con su padre. Sí, soy una mujer dos veces divorciada, pero antes de que elaboren un juicio, por favor, permítanme explicarme. Perdí la custodia de mi primera niña a causa de mi marido, un hombre manipulador que tenía dinero. Para lograr pagar a mi abogado trabajé en un restaurante, pero así al menos podía mantener a mi niña, pues allí me dejaban un cuarto para vivir. No obstante, perdí la custodia de ella el 8 de septiembre de 1991 debido a que la pequeña eligió a su padre ante el juez y al poco dinero que yo tenía para mantenerla. Después apenas la he visto dos veces: una vez el primer fin de semana después del juicio y otra vez después de Navidad en 1992, con la ayuda de su abuela, que estaba agonizando en cama e intentaba dejar las cosas mejor. La niña tiene ahora diez años y no la he visto apenas en los últimos cinco años. No he conseguido una custodia o un régimen de visitas mejor, pues no tengo el dinero para nuevos pleitos. Mi hija ya no sabe quién soy, y eso hiere. Su padre se niega a enviarme fotos o permitirme hablar con ella por teléfono, o incluso darle las cartas que he escrito. Mi única esperanza es que cuando ella sea adulta vendrá a mí y de algún modo sabrá la verdad. Ésa es una parte de la historia.

La segunda parte es que volví a casarme después de que todo hubo terminado y tuve una hija que ahora tiene seis años. Después su padre y yo nos separamos y me divorcié debido a su irresponsabilidad. Para evitar tener que pasarme una pensión nunca se ha mantenido mucho tiempo en el mismo trabajo y así no le pueden controlar el dinero que gana ni el lugar de residencia. En cuatro años (48 meses) solamente he recibido un total de siete pagas mensuales, y ninguna consecutiva. Ahora ha desaparecido una vez más. No hay ningún número de teléfono, ninguna dirección, ningún patrón, y lo único que sé es que se ha vuelto a casar y tiene un nuevo hijo. Yo nunca le he negado el derecho para ver a su hija, de hecho ella estuvo parte de sus vacaciones de verano con él, aunque no me había pasado la pensión. Desgraciadamente, desde el verano de 1996 no ha vuelto a llamar y se limitó a enviarle una carta en Navidad y otra en su cumpleaños.

Hay todavía una tercera y cuarta parte, pues después cometí el error de intentarlo de nuevo y me quedé embarazada de un nuevo amor, algo definitivamente no planeado. Di a luz después un varón muy sano, pero su padre y yo nunca nos casamos. Como quería proteger a mis hijos, trabajé de noche, pero eso hizo enfadar a mi nueva pareja y nos separamos, aunque él no se marchó del pueblo. Durante los primeros dos meses pagó la manutención del niño, pero se echó una nueva novia y consideró que ellos necesitaban todo el dinero para su casa. Lógicamente, rompimos nuestras relaciones. Sé que gana unos 2.000 dólares al mes, que no tienen hijos, y ella gana unos 1.600 dólares al mes. Todo lo que le pido son unos 200 dólares. Yo nunca le he negado su derecho a ver a su hijo y ha podido estar con él las veces que ha querido.

Ahora me vuelvo a casar de nuevo, aunque he puesto todos los medios para no tener más hijos. Mi marido es un hombre maravilloso, que tiene un gran sentido moral y se comporta muy bien con todas las personas con el respeto que ellos merecen. Quiero creer que somos almas gemelas y que ha sido el destino quien nos reunió.

Mi marido tiene una hija a la que tiene que pagar al mes 402 dólares de apoyo y eso le ha ocasionado un tiempo difícil con mucho trabajo y deudas, especialmente desde que nos hemos casado. Él está intentando apoyar a la familia que tiene ahora, pero solamente le queda el 50 por ciento de su salario para nosotros. Estamos luchando ahora actualmente para conseguir que la madre (su ex) le permita aumentar el régimen de visitas de su hija. Sabemos que apenas pasa tiempo con la niña y que la entrega siempre a canguros o familiares para que la cuiden, incluso durante varias semanas. Ahora mismo la niña ha vuelto a casa de sus tías durante más de dos semanas, para pasar las vacaciones de Navidad. La semana pasada hemos tenido que entrar furtivamente para ver a la niña en casa de sus parientes, aprovechando que su madre no estaba. Ella tiene alguna clase de resentimiento hacia mi marido por algo que pasó hace casi ocho años entre ellos y se niega a dejar su actitud con la niña. Esa muchacha pequeña me rompió el corazón el otro día cuando me dijo que realmente desea que su mamá y papá se lleven bien para que ella pueda verles a los dos todos los días. La pequeña ya ha aprendido a mantener su pequeño secreto para ver a su padre más veces sin que su madre lo sepa, pero en el colegio algunas niñas la mortifican diciéndola que nunca conseguirá ver unida a toda su familia. También sé que está triste porque su madre le habla mal de su padre, especialmente de aquella cosa que ocurrió hace ocho años. Se trata de una niña muy madura para su edad, pero realmente está muy herida por todo esto. Debido a nuestros pagos mensuales, nosotros tenemos serios problemas para poder salir adelante. Mi marido está ahora en un nuevo pleito para no tener que seguir pasando una pensión tal alta, pues su ex tiene mucho más dinero que nosotros, alegando además que nuestra situación económica es muy precaria. Ahora nos mantenemos a base de tallarines con tomate todos los días para que su ex consiga su dinero y mi marido no vaya a la cárcel si no paga.

El final

Nosotros pagamos la pensión por los niños pero no tenemos la custodia, y además sigo recibiendo cero dólares de los padres de los dos niños que tengo conmigo. Ahora vivimos en un pueblo muy pequeño, casi sin vida, con un automóvil muy viejo, y en una pequeña y vieja casa alquilada, por la que su propietario no se preocupa en absoluto. No podemos permitirnos el lujo de comprarles nuevos calcetines a los niños, ni mucho menos llevarles a merendar a un McDonald. Nuestro único lujo es este viejo PC que me dejó mi ex, aunque cuando ello ocurrió estaba muy estropeado y he tenido que repararlo.

He leído en una página de la Red que hay una persona que estaba pidiendo sugerencias para saber cómo podría sobrevivir cuando él tiene que entregar el 52 por ciento de su paga a su ex y en su trabajo le pagan seis dólares a la hora. Bueno, yo no tengo ningún gran consejo para él, pero le diré una cosa: ¡Estate seguro que no estás solo en esta batalla! Mi marido es un hombre orgulloso que trabaja duro todos los días, intentando lograr algo más de dinero. Yo desearía trabajar fuera pero no puedo encontrar ninguna guardería económica cerca para que cuide a mis hijos. Si trabajase cuarenta horas a la semana lograría pagar las pensiones, el gas y la guardería. Posiblemente no sirva para nada esta carta de protesta, pero desearía que ellos, el Estado y los jueces, tuvieran una calculadora a mano cuando establecen las pensiones, pues siempre hay uno que vive muy bien, mientras que el otro acaba arruinado.

No deseo aburrirles con mi historia, pues es parecida a la de miles de personas, pero al menos sé que esta injusticia no es particular, y que posiblemente llegue algún día en que nadie tenga que mantener a nadie, los hijos sean cuidados por ambos padres y los bienes gananciales se repartan inmediatamente al disolver el matrimonio.»

CARTA CUATRO

«Solamente el haber leído otras historias similares me ha motivado para contar la mía, pues creo que muchas quejas similares tienen que ocasionar, tarde o temprano, un cambio en las leyes. Mi historia es algo larga, pero estoy segura que conseguiré interesarles y llegar a su corazón. Bueno, realmente tengo dos historias para contarles, pues una es la relativa a una niña de padres divorciados y otra es la de mi propio divorcio. Las dos me han convertido en la persona que soy hoy.

Soy la más joven de cuatro niños en mi familia. En el momento del divorcio de mis padres tenía sólo seis o siete años, no estoy muy segura, pero comprendí que algo no era normal cuando mi padre se fue a Texas teniendo yo cinco años y nosotros tuvimos unas vacaciones muy cortas. Comprendí que nuestra familia era diferente a la mayoría de las familias de mis amigos, aunque nunca entendí por qué.

Recuerdo el día como si fuera ayer: estaba en la escuela y mi padre vino con mi hermana, que sólo tenía ocho años, a la oficina del consejero escolar. Allí vimos a nuestro padre caído en una silla y parecía como si estuviera llorando. Nos dijo que nos sentáramos, pues tenía que explicarnos que mamá y él se iban a divorciar. Ahora no estoy segura si realmente sabía lo que era un divorcio y tampoco si eso me gustaría realmente. Supe que mi padre no estaba contento, pues explicaba que posiblemente ya no le podríamos ver cada vez que quisiéramos. Intenté no llorar pues quería demostrarle que era fuerte.

Durante algún tiempo nos permitieron verlo cada dos fines de semana y aunque intentamos verle más a menudo no nos lo permitieron. Entonces un día, él se fue, sin dar ninguna razón ni dejar carta alguna y ni siquiera llamó por teléfono. Supongo que alguien le aconsejó que se marchara. Realmente nadie me explicó nunca qué ocurrió. Después, siempre mi madre decía cosas sucias sobre mi papá. Nos aseguraba que nunca nos cuidó y cómo nos abandonó para no tener que volver a cuidarnos. Desde que se marchó, comenzamos a tener problemas con el dinero y vivimos de la manutención del Estado, pues mi madre no trabajaba. Supongo que con el tiempo terminé por creerla y odiar a mi padre. Después, un día, recibí por correo un par de patines de ruedas con su remite, el día de mi cumpleaños. Eran amarillos y me gustaban mucho, pero cuando mi madre los vio dijo que había que devolverlos. Me dijo que yo no tenía padre y que tampoco podía estar segura de que me quisiera.

Mi madre volvió a casarse y nos cambiamos de estado. Cuando esto ocurría yo tenía aproximadamente diez u once años y me recuerdo bajando del autobús escolar un día cuando vi a mi padre esperándome. A la mente me llegaron todas las cosas horribles que mi madre me había dicho. Grité y corrí del autobús a la escuela; luego volví a casa. Yo nunca supe por qué mi padre estaba allí o lo que quería decirme. Pasado algún tiempo, viví con una familia que me alojó e intentaron quererme de la mejor manera que sabían. Yo averigüé a través del ejército (mi padre es un sargento jubilado del ejército) su dirección y le escribí, pero las cartas me fueron devueltas por desconocido. Un amigo me dijo que debía seguir intentándolo y finalmente un departamento oficial nos proporcionó su número de teléfono. Estaba muy asustada y nerviosa, pero hice la llamada. Quería conocer a mi padre para saber quién era realmente, y no lo que mi madre me dijo que era durante años. Quise saber la verdad.

Todavía puedo recordar la conversación. Este hombre con un acento muy fuerte contestó al teléfono y yo le dije que quería hablar con mi padre (usé su nombre). Finalmente, él dijo: "Soy yo, ¿qué quiere?" Yo quedé muda, no supe qué decir y simplemente empecé a llorar. Todo lo que podía decir era: "Papá, ¿eres tú realmente?" Él comprendió que era una de sus hijas y ambos lloramos y hablamos juntos durante horas. ¡Teníamos tanto de qué hablar! Tres semanas después estaba en un avión para verle personalmente.

Eso fue hace nueve años. Quiero a mi padre y tengo una buena relación con él. Después averigüé que él había estado buscándonos durante más de diez años, pero que mi madre no le permitiría vernos. Cada vez que conseguía encontrarnos ella se cambiaba de domicilio. Debo criticar a mi madre por esto, por llevarse una parte de mí y aplastar mi pequeño espíritu. Odio decir que mi relación con ella nunca ha sido desde entonces buena y pienso que nunca más lo será en la vida. Sin embargo, todavía la quiero por cuidar de mí, pues me alimentó, me vistió e hizo lo mejor que pudo. Las razones para impedir que viera a mi padre nunca las averigüé, pero no es aceptable que destruyera la relación con mi padre. Ahora, simplemente, estoy contenta, ya que he podido recuperar a mi padre.»

CASO CINCO

«Cuando me casé por vez primera tenía diecinueve años y estaba enamorado de mi esposo. Él era guardacostas y solamente teníamos la casa del campamento como vivienda. Seis meses después nos marchamos y me tuve que quedar con mi hermano durante un mes, porque tenía que ir a un cursillo de especialización y no podía estar con él. Por lo menos ésa es la historia que me contó. Cuando se estableció en Boston me llamó para que volviera.

Todo fue bien al principio, pero luego cambió su carácter. No le di mucha importancia, pues creía que el problema era por causas ajenas. Al poco tiempo él empezó a llegar tarde a casa y cuando yo regresaba del trabajo me encontraba siempre la puerta cerrada con llave y con la cadena puesta para que no pudiese entrar de improviso. Él siempre estaba hablando por teléfono. También cogió la llave del buzón de correo para que yo no pudiera conseguir la correspondencia. Entonces, un día, cuando estaba preparando la ropa para la colada (esto era después de que él se había ausentado toda la noche y presentarse a la mañana siguiente antes de irse a trabajar) encontré un tique de cine con un número escrito en el dorso. Mi corazón se hundió. No quería creer lo que parecía obvio, después de todas las veces que me dijo que me amaba y que por eso se había casado conmigo.

Llamé a su trabajo después y le pregunté por el número escrito, pero me dio una excusa que naturalmente no me creí. Llamé a ese teléfono y contestó una mujer. Le pregunté si salía con un tipo llamado como mi marido y le di la descripción física. Ella dijo que sí y le pedí simplemente que le dejara, pues estaba casado conmigo. Ella ni siquiera sabía que estaba casado.

Tres semanas después me quedé embarazada. Cuando se lo dije se marchó de casa y luego abandonó su trabajo. Cuando regresó me dijo que era un error seguir juntos y que necesitábamos separarnos durante algún tiempo para mejorar las cosas. Yo lo creí. Quise creerlo, pues a fin de cuentas llevaba dentro a su hijo. Cuando se marchó hablábamos todos los días por teléfono. Él me hacía muchas promesas vacías. Lo cierto es que yo todavía le amaba y por ello no paraba de llorar por las noches. Cuando tuve el hijo, un hermoso varón, me prometió regresar, pero nunca se presentó. Finalmente, me confesó que no volvería a su anterior trabajo, pero todavía quería creer que me amaba y que volvería.

Nuestro hijo estaba creciendo rápidamente y aún no había visto a su padre. No sabía cómo le iba explicar esto al pequeño cuando fuera capaz de entenderme. Intenté buscar trabajo más cerca de él, pues pensaba que cuando su padre viera a su hijo las cosas funcionarían mejor. Un día me dijo que le enviara al pequeño en avión hasta donde estaba para verle, pero me negué. Le dije que teníamos que estar los dos en ese momento y que de seguir así sufriría mucho por no verle. Insistió en que simplemente lo dejara en el avión a cargo de la azafata y que yo no fuera, pues no quería verme. Después de negarme de nuevo, me amenazó con secuestrarlo. En ese momento pedí el divorcio. Después he tenido un novio formal a quien mi hijo llama papá: algo sencillo, pues nunca llegó a conocer a su padre real. De nuevo le envié una carta comunicándoselo, pero no obtuve respuesta.

Mi hijo, que tiene ahora cinco años, nunca ha visto a su padre y sólo de cuando en cuando ha recibido alguna ayuda material o de regalos. Realmente no tengo ningún interés en que se vean, pero estoy segura de permitirlo si algún día sucede. Sigo asustada porque un día venga su padre y se lo lleve, pues creo que solamente tiene rencor pero no amor por su hijo. Vivo ciertamente temerosa y precavida, pues su familia habita en un pueblo cercano.

No negaré que mi hijo esté con el padre real. Tampoco le hablo mal sobre su padre y, de hecho, le dije hace poco que él tenía otro papá diferente de sus hermanas. Creo que me entendió. También le aseguré que si alguna vez quería saber algo de su padre real me podía preguntar. Un día me pidió una fotografía y como no guardaba ninguna se la pedí a mi hermana, pues era la única que todavía tenía una foto juntos. Se la di y le dije que esa persona era su padre real. La tiró al suelo y dijo: "Vale, vámonos." No sé por qué hizo aquello y nunca se lo pregunté.

Espero que cuando se haga mayor querrá conocer a su padre y tener una relación con él. No quiero que piense que yo no lo deseo, pero creo que ahora no es el momento adecuado. Quiero que sea lo bastante adulto para tomar sus propias decisiones y que sepa escoger con quién quiere vivir.

Ahora no sé dónde está su padre. He querido llamarle varias veces y preguntarle por qué no quiere ver a su hijo, pero no consigo contactar con él. Yo sé que si mi hijo me pidiera que lo encontrara haría algo por ello, pues tiene derecho, pero desgraciadamente su padre no parece mostrar ya ningún interés por él.»

CARTAS DE HIJOS DE PADRES DIVORCIADOS

Se dice que lo importante son los niños, pero ya casi todos sabemos que no es cierto, que es una frase o una intención de buena voluntad. Lo cierto es que ellos, los pequeños, no tienen voz ni voto a la hora de decidir todo lo relacionado con su custodia, aunque los jueces les suelen escuchar, no para hacer caso de sus peticiones, sino para averiguar si hay algo tenebroso en la relación de sus padres. Luego, finalmente y de un modo invariable, todos sentencian igual: si son menores de siete años, se quedarán con la madre, sin objeciones; si son mayores, el padre que no tenga la custodia les verá una vez cada quince días. Nadie sabe las causas de esa cifra mágica que parece ser una norma mundial, ni es fácil comprender las razones por las cuales la custodia compartida es la excepción y nunca la norma jurídica.

Estas cartas no están escritas literalmente por los niños, sino a través de sus padres divorciados. Aun así, son un valioso documento que nos proporciona una visión que los adultos divorciados simplemente no tienen. De nuevo, nos demuestran que ellos, los niños, son muy diferentes a los mayores en sus deseos.

Carta una

«Soy una madre de veinticinco años que ha envejecido diez de golpe en poco menos de dos semanas. Nunca pensé que un día podría escribir una carta así y publicarla. Crecí en una casa donde todo era correcto y mis padres siempre nos aseguraron a mi hermana y a mí que ellos tenían el matrimonio perfecto y que nunca se divorciarían. Esta opinión también era compartida por los amigos de mis padres y los parientes. Pero algo parecía extraño en mi familia. Mis padres eran amigos y eso es algo de lo que presumían. Por eso parecía razonable que al considerarse como amigos no quisieran mucho al fruto de su relación sexual y no demostraban nunca afecto hacia nosotras.

Una semana después de mi graduación en la escuela secundaria mis padres anunciaron que se estaban separando, pidiéndonos a mi hermana y a mí que saliéramos de la universidad y fuéramos a un internado para que ellos pudieran seguir con sus vidas.

Ahora mismo no sé si sería más duro para mí que ellos se hubieran quedado juntos "por causa de los niños", o que se divorciasen cuando yo era joven. Los dos tienen ahora ya nuevas parejas y creo que han encontrado la felicidad que no tuvieron antes. Yo estoy casada recientemente y mi marido y yo estamos sumamente contentos, pero las personas cambian. Si alguna vez nos llevamos mal creo que buscaremos que nos ayuden para solucionar nuestras diferencias, pero si eso falla, nos divorciaremos. He aprendido de mis padres el error de vivir juntos cuando el matrimonio no tiene solución y, puesto que los hijos sufrirán de cualquier modo, mejor que el divorcio llegue cuanto antes.»

Carta dos

«Estoy segura que las heridas de los niños de padres divorciados serían menores si se les consultase cuando son pequeños. Yo no tengo niños, pero soy hija de divorciados, y no recuerdo que hubiera muchos diálogos conmigo en aquel entonces, principalmente porque mi madre se sentía muy herida y quería que todos llevásemos con ella su dolor y su enojo. Yo no me sentía cómoda con ninguno de mis padres, especialmente cuando estaban juntos. Esto parece ser algo común hoy y por ello creo que debemos evitarlo.

Quizá cuando uno de nuestros padres dice: "Estoy enfadado con tu mamá/papá, no le quiero", es algo que se dirige indirectamente al cónyuge, pero que solamente hace daño a los niños. Pienso que debe hablarse adecuadamente a los niños, explicando que ellos se quieren, pero que son diferentes, que no se ponen de acuerdo y que lo mejor es que se separen. Después hay que tranquilizar a los niños, pues en ellos el miedo es notorio, pidiéndoles consejo y haciendo caso de sus sugerencias. Si ellos participan, posiblemente el matrimonio no se reconcilie (o sí), pero al menos no se considerará un pelele víctima del odio de sus padres. El niño debe seguir confiando en que sus padres le cuidarán con el mismo esmero, pero esto debe verlo.

Hoy, mi padre está muy distanciado de la familia, pero creo que si yo hubiera estado más cerca de él ahora tendría una familia. Todos mis hermanos son ya adultos y ninguno quiere hablar del tema, pero personalmente he deseado que mis padres nunca se hubieran divorciado. Estas cosas afectan a los niños más de lo que parece, pues esencialmente corta la relación de los hijos con el mundo de su alrededor y si alguno es demasiado sensible, puede tener problemas más serios. Debo admitir que tengo problemas mentales, y algunos problemas con los hombres. Quiero llevarme bien con todos, pero tengo un profundo sentimiento de enojo del que no puedo librarme. Es doloroso, porque entiendo por qué mi padre se marchó; no estoy enfadada con él, pero emocionalmente apenas logro remontarme.

Cuando ellos se separaron la primera vez yo tenía un año y medio. No lo recuerdo, pero lo que no olvido es que nunca estuve emocionalmente cerca de mi padre, pues no tuvimos tiempo para ello. Lo que estoy intentando decir es que, por favor, piensen los que se van a divorciar si realmente solamente están huyendo de su vida real. Debo insistir en que hay una pérdida fisiológica y espiritual cuando los niños se tienen que enfrentar a que sus padres están separados.»

Carta tres

«Opino que, aunque es importante que las personas compartan su mismo problema, es imposible generalizar sobre los divorcios, pues cada caso es único.

Tengo ahora quince años y soy víctima de un divorcio amargo ocurrido cuando tenía sólo diez años. Mis padres lucharon –mentalmente y físicamente– en presencia de mi hermana y de mí, pues aunque intentaron evitar tales altercados cuando estábamos cerca, les fue imposible hacerlo.

A lo largo del divorcio, mi hermana y yo engordamos mucho, algo que luego nos explicaron que constituía una defensa. Con problemas en casa, ningún niño quiere tener que enfrentarse a los compañeros molestos en la escuela y pronto tienen que marginarse voluntariamente para no ser objetos de burlas. Incluso en los fines de semana tenía que visitar al psicólogo, al consejero familiar y a los jueces. Yo no era culpable de nada, no había hecho nada malo, pero debía hacerlo a causa del divorcio de mis padres.

Cuando mis padres se separaron finalmente, pasé unos años muy mal, incapaz de ayudar a nadie; es decir, hasta que un día comprendí que ningún matrimonio es perfecto. También he aprendido a recordar las partes buenas de mi niñez, las vacaciones sin luchas y las excursiones familiares, entre otras cosas.

Poco a poco mis sentimientos están en orden y mi vida parece haber evolucionado del todo. Mi hermana todavía odia a mi padre, no le quiere ver, y mi madre continúa quejándose sobre lo mal que la vida la ha tratado. Ella no se siente culpable de nada, por supuesto, y así es muy difícil recuperarse de un divorcio. Yo amo a mis padres muchísimo y por eso me negué a escucharles cuando cada uno quería explicarme las cosas horribles que su pareja le había hecho.»

AHORA, UN POCO DE HUMOR PARA TRANQUILIZAR LOS ÁNIMOS

▶ Usted no tiene por qué molestar a su mujer si tiene una conversación apropiada con sus compañeros en el bar, salvo que lo haga todos los días entre las 18.00 y las 24.00 horas.

▶ Tenga personalidad; respete el color original de su cara y no se maquille.

▶ El chocolate del loro es simplemente otro bocado.

▶ Emplee la regla del fuera de juego solamente en el fútbol, no cuando haga el amor.

▶ Un ramo de flores lo arregla todo, pero no se olvide de incluir el anillo de diamantes.

▶ Es normal que el 90 por ciento de las veces se despierte pensando en el sexo; eso ocurre si hace más de un año que no hace el amor.

▶ Tres pares de zapatos son suficientes para la mayoría de los varones, pero al menos manténgalos limpios.

▶ Nadie debe decir un buen chiste cuando está solo.

▶ La mecánica del automóvil siempre le demuestra lo torpe que es.

▶ Reclame a su peluquero cuando nadie nota el buen corte que lleva.

CRIMINALIZACIÓN DE LA PATERNIDAD

Texto resumido de un informe elaborado por Stephen Baskerville, profesor de Ciencias Políticas en la Universidad de Howard.

Delincuentes familiares involuntarios

«En el boletín julio/agosto para la Liberación de la Mujer publicado en Internet, su autor declara que no es probable que le dejen publicarlo posteriormente en otro medio, aunque agradece a todos los que han colaborado en su elaboración aportando información.

La paternidad es la cuestión de moda: en Estados Unidos hay iniciativas políticas, conferencias del personal estatal, comisiones de trabajo en el Congreso y resoluciones de las mismas. También hay ahora ayudas federales, nuevas organizaciones sin ánimo de lucro y reportajes en los medios de comunicación que están ahora "promoviendo" la paternidad. No obstante, el descubrimiento en este país de la paternidad tiene un lado oscuro: se trata de las iniciativas de refuerzo legal dirigidas contra los llamados "padres vagabundos", un registro federal que afecta a millones de padres. Esta base de datos e información recogida sobre ciudadanos americanos acusados de nada, posee nuevos cuerpos de policías armados de paisano y un sinnúmero de "castigos" infligidos a padres a los que se les acusa de ausentarse de sus responsabilidades económicas... con sus ex esposas. Ya sabemos que se es padre con relación a los hijos, no referente a la esposa, pero la campaña para la presidencia de Al Gore puso un especial énfasis sobre la necesidad de encarcelar a más padres.

Lo que presenciamos hoy no es ni más ni menos que la criminalización de la paternidad: los castigos penales impuestos a ciudadanos que no han cometido ningún acto delictivo, pero que han sido declarados prófugos por la mala acción de otros. Este fenómeno surge mayoritariamente en los casos de divorcios involuntarios y es infligido por los juzgados de familia.

Los juzgados de familia son el brazo del Estado que más a fondo se introduce en las vidas privadas de individuos y la familia. "Los juzgados de familia son la rama más potente de la judicatura", escribe

Robert W. Page, juez presidente del tribunal de familia de Nueva Jersey. Y dice más: "El poder de los juzgados de familia es casi ilimitado." Un instructor judicial de Nueva Jersey le dijo a un padre para justificar la ilegalidad de estas medidas: "Las normas de la Constitución de los Estados Unidos no son aplicables en los casos de relaciones domésticas."

¿Un padre comparece ante estos juzgados? ¿Sin ningún delito ni falta cometidos? Da igual: de inmediato verá sus movimientos, finanzas, costumbres personales, conversaciones, compras y contacto con sus hijos, sujetos a la investigación y el control del Juzgado. Debe someterse a interrogatorios sobre su vida privada, siendo este término de "interrogatorio" el que emplea para describirlo el autor Jed Abrahams. Debe facilitar también sus documentos personales, diarios, correspondencia y documentación financiera. Su casa puede ser allanada en cualquier momento. Las visitas a sus hijos pueden ser monitorizadas por funcionarios del Juzgado y restringidas a un "centro de visitas supervisadas", para lo cual tendrá que pagar una cantidad por hora, y donde él y su hijo serán observados y escuchados durante el tiempo en que estén juntos.

Cualquier cosa que diga a su esposa o hijos, así como a asesores familiares o terapeutas personales, puede ser utilizada en su contra en el Juzgado, y sus hijos pueden ser utilizados para informar contra él. Se les pregunta a los padres cómo se "sienten" respecto de sus hijos, qué hacen con ellos, adónde les llevan, cómo les besan, cómo les alimentan o bañan, qué les compran y qué conversan con ellos. Les obligan, bajo amenaza de encarcelamiento, a pagar a abogados y psicoterapeutas que ellos no han contratado. Sus nombres se incorporan a un registro federal, sus sueldos serán embargados y el gobierno federal tendrá acceso a sus historiales financieros. Si rehúsan cooperar pueden ser encarcelados sumariamente, u obligados a someterse a examen psiquiátrico.

En adelante, ese padre no tiene voz ni voto sobre dónde residen sus hijos, el colegio al que asisten o su atención personal, formación religiosa o visitas al médico y al dentista. No tiene derecho a ver su expediente escolar o médico, ni control sobre los medicamentos o drogas que se le administran. Se le puede prohibir que lleve a sus hijos al médico cuando enferman. Se le puede indicar a qué servicios religiosos puede (o debe) asistir con sus hijos, qué puede hacer con ellos y qué temas puede o no debatir con ellos en privado. Y puede ser obligado a pagar dos tercios o más de sus ingresos en concepto de ayuda a su hijo y ex esposa.»

«Economizar las lágrimas de vuestros hijos a fin de que puedan regar con ellas vuestra tumba.»

Pitágoras

SOBRE LA PENSIÓN POR ALIMENTOS

Si por cualquier razón el padre acumula pagos atrasados por un importe superior a 5.000 dólares, se convierte de inmediato en un rebelde. Si emigra a otro Estado teniendo pagos atrasados, tal vez para encontrar trabajo, se convierte en un rebelde. Es posible que pueda ser declarado rebelde desde el mismo momento en que sus hijos son recogidos. Si la pensión alimenticia que se le designa es lo suficientemente alta y si tiene el atraso suficiente, será considerado un rebelde instantáneamente y puesto inmediatamente bajo arresto. Violando claramente la Constitución, se afirma que «no todos los procedimientos contenciosos de pensiones alimenticias clasificados como penales recaen bajo la acción de un jurado» e «incluso los obligados a un pago que estén en la indigencia no tendrán necesariamente el derecho a un abogado».

Establecer las pensiones alimenticias de los hijos es un proceso político dirigido por grupos de interés feministas involucrados en la recolecta de ese dinero, pero de los cuales están excluidos los padres que pagan ese dinero. Tal legislación, emanada de los juzgados y de las agencias de refuerzo para la recolecta de estas cantidades, levanta serias dudas acerca del principio de la separación de poderes y de la constitucionalidad del proceso. Cuando los funcionarios de todas las ramas y niveles del Gobierno tienen un interés financiero en la caza de una presunción de culpabilidad, esos «delincuentes», es predecible que acaben siendo realmente delincuentes para poder sobrevivir. Obviamente, cuanto más onerosas son las pensiones y tantos más incumplimientos o atrasos crean, más se demanda la ejecución coercitiva y más se solicita el personal y los poderes requeridos para ejercerla.

Existen empresas privadas dedicadas a la recolecta de estas cantidades. Ello no sólo crea un conflicto de intereses obvio en términos de qué cantidades hay que recolectar, sino que las empresas pueden verdaderamente crear los «delincuentes» y los «vagabundos» a los que se les ha encargado perseguir y de los cuales depende su negocio. Bueno, se me olvidó empezar el artículo diciendo que esta persecución inhumana solamente está dirigida hacia los padres varones.

En Los Ángeles, la fiscal adjunta del Distrito, Jackie Myers, declaró a *Los Ángeles Times* que abandonó la oficina en 1996 porque «se nos pedía que hiciéramos cosas poco éticas, muy poco éticas». Myers no es la única. «Tuve una llamada de un hogar para indigentes en la que me dijeron que yo había puesto a un hombre y a sus cuatro hijos en la calle porque había ordenado que pasase a su ex mujer una pensión que afectaba al 50 por ciento de su sueldo. Fue la primera vez que tomé contacto con las ramificaciones de mis propios actos.»

Ahora se obliga, al menos en los Estados Unidos, a los hombres a mantener a los hijos que se ha demostrado que no son suyos biológicamente. De esta infamia jurídica fue objeto Charles Chaplin, el popular Charlot, quien, a pesar de demostrar que el hijo que había tenido su adúltera esposa no era suyo, fue obligado a pasarle una suculenta pensión alegando el juez que su ex esposa no podía trabajar.

Ahora es frecuente que los padrastros tengan que mantener a sus hijastros e incluso los abuelos y las segundas esposas también son alcanzados en la persecución a que están sometidos para ingresar las pensiones. Una segunda esposa puede ser objeto de multas y retención de sus salarios para pagar una pensión a los hijos que su marido tuvo con otra mujer. Esto les puede parecer un despropósito y creer que no es cierto, pero dado que los jueces miran los ingresos familiares, y no los personales, siempre se da la circunstancia de que el dinero para pagar pensiones a una ex sale de todos los miembros de la nueva familia.

Otra monstruosidad legal es aquella que obliga a repartir las pensiones de viudedad entre todas las viudas existentes, pues se consideran como tales a las divorciadas. No existe, pues sería la más aberrante de las leyes, ninguna opción comercial o social que obligue a que la herencia de una persona se reparta entre anteriores socios. Una vez disuelta la sociedad y con ella los bienes, pasa a considerarse como no existente a todos los efectos presentes y futuros. Si las mujeres viudas fueran realmente conscientes de que son ellas las que están manteniendo económicamente a las ex mujeres e hijos de sus difuntos maridos, pondrían el grito en el cielo. Pero es cierto, pues el sueldo de viuda que le correspondería íntegro a ella debe compartirlo con otras personas con las cuales no tiene ni parentesco ni afinidad.

«Antes del matrimonio, un hombre anhela poseer a la mujer que ama. Después de la boda la 'Y' se convierte todas las noches en una "I".»

Anónimo

NOTICIAS RECOPILADAS EN LA PRENSA

Sobre los cambios sociales en la mujer

Las estadísticas indican que las mujeres se casan más tarde y viven más años, además de haber reducido drásticamente en la última década las diferencias salariales que sufrían respecto a los hombres, aunque aún persisten grandes diferencias entre ambos sexos. Los últimos datos recopilados muestran una mejora de la situación y señalan que, en otro orden de cosas, las mujeres se casan ahora más tarde, siguen teniendo menos hijos, trabajan más durante la infancia de los niños y tienen una mayor esperanza de vida. En el aspecto económico, la mujer representa ya un tercio de la fuerza laboral del mundo, a excepción del norte de África y el oeste asiático.

Francesca Perucci, una de las autoras del informe, explicó en rueda de prensa que es significativo cómo cada vez más mujeres ponen más énfasis en su éxito profesional y personal a costa de tener menos hijos o pasar menos tiempo con sus maridos. «Las estadísticas, aunque todavía incompletas, son claras al respecto –explicó–. Así, por ejemplo, el índice de natalidad continúa descendiendo en todas las regiones, las mujeres se casan más tarde y están más dispuestas a vivir solas.»

Los datos recogidos por la ONU muestran que, a pesar de que las mujeres se casan más tarde ahora que hace una década, en veintidós países en desarrollo una cuarta parte de las que tienen entre quince y diecinueve años ya han contraído matrimonio. Al mismo tiempo, en las naciones desarrolladas han aumentado las mujeres unidas informalmente o por consenso, como en Suiza (el 63 por ciento de las mujeres entre 20 y 24 años) o Nueva Zelanda (el 67 por ciento de este segmento). En España este porcentaje es del 22 por ciento, pero decae dramáticamente hasta el 8 por ciento entre las mujeres de 25 y 29 años, y al 5 por ciento entre las de 30 y 34, según la ONU.

Violencia predivorcio

Los últimos informes demuestran que ahora también los hombres denuncian los casos de agresiones hacia ellos por parte de las mujeres, lo que indica que el comienzo de una nueva paranoia legal se avecina. Desde ahora, cualquier pareja que tenga una discusión, fuerte o suave, con uso violento de la palabra o las manos, sentirá el impulso irrefrenable de acudir a denunciarlo en la comisaría. Todo el mundo parece contento con ello, especialmente los abogados, pues tendrán mucho más trabajo. Nadie trata de apaciguar los ánimos y buscar soluciones distintas para los conflictos hogareños, pues de lo que se trata es de salir en los periódicos o cadenas de televisión.

En situaciones de aumento de la violencia en otros sectores, como es el juvenil o político, siempre salen personas sensatas que hacen un llamamiento a la concordia y al sentido común, más que al ojo por ojo. Estas personas dicen una y otra vez que la violencia hay que solucionarla con el diálogo y todo el mundo está de acuerdo, y que debe impedirse la incitación a la violencia hacia las partes en conflicto. Pero en los asuntos de pareja nadie llama a la concordia y solamente se reclaman leyes y penas más duras.

Todos sabemos que el maltrato físico y psíquico a las personas existe, por parte de hombres y de mujeres, a los hijos y los ancianos en particular, y entre los cónyuges. Nosotros no podemos reclamar la pena de cárcel y el destierro para todos, pues así pocas familias podrían recuperarse después de una pelea. Lo que demandamos es una educación distinta desde las escuelas, en los medios de difusión, en los programas de televisión y a través de los discursos políticos. Solamente con una educación que hable de personas y menos de sexos, en cuanto al derecho a ser feliz y trabajar, podrá poco a poco reconducir a la sociedad y que en los hogares renazca la concordia y con el tiempo el amor.

«La vida de casados es muy frustrante. En el primer año de matrimonio, el hombre habla y la mujer escucha. En el segundo año, la mujer habla y el hombre escucha. En el tercer año, los dos hablan y los vecinos escuchan.»

Anónimo

06

ENFERMEDADES OCASIONADAS POR EL PROCESO DE DIVORCIO

Indudablemente existen unas patologías unidas a cualquier situación de divorcio: unas que se dan antes, cuando los cónyuges presienten que algo malo está ocurriendo en su relación; otras durante el proceso, cuando la guerra psicológica y en ocasiones física es muy intensa, y finalmente después, cuando hay que tratar de seguir viviendo y trabajando aunque la pena nos invada y tengamos que seguir pleiteando.

Cuando la ruptura afectiva es ya un hecho, y ésta puede llegar incluso años antes de la separación física, las personas pasan por no pocas situaciones, entre ellas el silencio, el intento de volver a quererse, los celos, las ausencias, las palabras deliberadamente hirientes y, con frecuencia, la violencia física. Es como si no entendiéramos lo que nos está pasando, ni por qué precisamente nos ocurre a nosotros, pues frecuentemente nos coge desprevenidos. Junto a ello, y puesto que al principio la mayoría de las personas suelen ocultar a los demás sus problemas, llegan los sentimientos de angustia, culpabilidad y odio hacia la otra persona. En este aspecto no parece importar quién haya sido el causante, pues quien ama a una nueva persona se justifica de mil maneras, entre ellas la ausencia del amor de su cónyuge, el deseo de ser «verdaderamente feliz» y, con más frecuencia, «la vida».

SOLEDAD

La soledad es el primer sentimiento que atenaza nuestra mente, y con él comienzan los primeros problemas de salud. Y es que no basta con acudir a pedir compañía a los familiares o amigos, pues la soledad nos puede llegar de igual modo, incluso en ambientes festivos y con personas que nos den palmadas en la espalda. El problema lo estamos viviendo nosotros y la soledad que nos mortifica es la ausencia a nuestro lado de aquella persona a la que un día dijimos amar para toda la vida.

Por eso es normal que muchas parejas intenten una y otra vez volver a unirse, no tanto porque entre ellos haya renacido la concordia y el amor, sino porque, puestas en una balanza las peleas y la soledad, en ocasiones preferimos el mal, que se nos antoja en ese momento menor.

DOLOR

Debemos entender a quien está sumido en un proceso de divorcio y tratar de ayudarle cuanto antes, pues el dolor es tan intenso (aunque la persona afectada ría junto a nosotros y minimice su problema) que muchas personas entran en una fase de locura muchas veces irreversible. Sin llegar a este extremo, lo normal es un sufrimiento interno muy fuerte, especialmente cuando el divorcio ha sido por infidelidad, pues a los problemas habituales hay que sumar el sentirnos burlado, estafado y humillado. Los «cuernos» pueden parecer cómicos en una película y de poca importancia cuando se trata del vecino, pero cuando se sufren en carne propia alteran todo el equilibrio mental de la persona afectada. Esta noticia sobre el adulterio de nuestra pareja es aún más intensa, si cabe, cuando nos dicen todo lo felices que son con el nuevo amor y lo mucho que nos odian. El dolor tan intenso de ese desamor no tiene comparación posible con otro dolor, salvo el de la muerte de un hijo pequeño.

Las personas divorciadas suelen acusar, en mayor o menor medida, los siguientes trastornos:

▸ **Depresión**, a veces tan intensa que necesita el auxilio inmediato de un psicólogo o la toma de medicamentos antidepresivos y sedantes. La utilización de plantas medicinales como hipericón o eleuterococo, así como levadura rica en litio, y los aminoácidos fenilalanina y tirosina, suelen ser de gran ayuda y no tienen efectos secundarios. Indudablemente, la persona afectada debe acudir en primera instancia a un profesional médico, sea psicoanalista, psicólogo o psiquiatra, buscando alguien que le escuche durante el tiempo que precise. De no ser así, la compañía de un buen amigo, un filósofo o la familia, le ayudarán a sobrellevar su enfermedad hasta que pase la crisis. Nunca se deberá dejar solo a un enfermo depresivo y es sumamente importante hablar con él y demandarle para que suelte su pena. Si el riesgo de suicidio es intenso, se hará necesaria la colaboración de asistentes sociales o psiquiatras.

▸ La **ansiedad** es uno de los problemas emocionales más extendidos entre los divorciados, especialmente en aquellas personas que han procurado no cometer errores nunca, que necesitan sobrevalorarse o que han tenido cierto miedo a la penuria económica y a la dificultad de ser bien aceptados por la sociedad. Normalmente, la persona se encuentra en un momento de su vida en el cual tiene que tomar dos caminos opuestos y este aumento de la tensión y el miedo a que pueda ocurrirle algo desagradable, si falla, le conducen a un estado de ansiedad.

▸ La **agresividad** se da tanto por el deseo de venganza a quien nos está haciendo daño, como por tratar de sacar de nuestro interior el dolor que nos atenaza y amenaza con explotarnos internamente. Cuando los agresores somos nosotros, el problema es que inmediatamente aparece el temor al castigo o la represalia, lo que conlleva las mentiras y la huida. También existe, paradójicamente, la necesidad de pedir disculpas, algo que habitualmente no es posible, pues ya hay un asunto legal por medio y la persona afectada no admite nuestras disculpas. Es más, frecuentemente la persona admite su agresividad, reconoce el daño efectuado y pide perdón sinceramente, pero lo hace para que todo vuelva a ser como antes. Cuando no hay vuelta atrás, la persona metida en este conflicto tiene que mantener una postura externa que disimule su preocupación, y esto le conduce a un callejón sin salida. Entre los síntomas físicos están el temor, tensión, sudores, palpitaciones, pesadillas nocturnas, diarreas, incluso vómitos, fobias, deseos de orinar y úlceras gástricas.

‣ El *rechazo* es normal en las familias más tradicionales, en las cuales el divorcio es algo inusual y que les produce rechazo. No necesariamente se origina en grupos religiosos, pues también lo vemos en las familias aristocráticas y en los pequeños pueblos. Si la causa es una infidelidad, el repudio hacia el cónyuge infiel es total, especialmente hacia las mujeres.

Una forma menos traumática para sentirse rechazado son las críticas a sus errores, que lleva a la persona a no poder contar con el apoyo de sus más allegados. Esto puede ocurrir incluso en ambientes de trabajo si ambos esposos compartían allí su empresa o los compañeros confraternizaban con ambos.

Problemas posteriores

‣ La pérdida de la *autoestima* es más intensa en la medida en que la persona trata de incorporarse rápidamente a grupos sociales que mantienen una vida de pareja estable y feliz. Esto les lleva a considerar que no han tenido suerte en la vida, que han causado dolor a personas inocentes (hijos, padres) y a que debían haber sido un poco más cariñosas y tolerantes. Por eso es recomendable pasar una corta temporada de duelo, con un cierto aislamiento en el cual la filosofía llene la vida, en lugar de las diversiones. Los paseos por la naturaleza, el descubrimiento de nuevos lugares como el teatro, escuchar música clásica, o leer buenas y reconfortantes obras literarias, con el tiempo ayuda más que meterse en un maratón de diversiones superficiales.

‣ La *soledad* será abrumadora los primeros días, pues ya no compartimos cama con nadie, nadie nos ayuda cuando estamos enfermos, no nos preguntan sobre nuestros problemas laborales y, especialmente, no compartimos la vida con nadie como nosotros. Para la mayoría de las personas en trámite de divorcio esta soledad les parecerá un regalo, una liberación, pero es un sarampión que en pocos días se nos hará intolerable.

▸ La ocupación del **tiempo libre** es otro problema adicional no menos importante, pues hemos estado habituados a compartirlo con la pareja. Ahora hay que buscar nuevos grupos de amigos, pero evitando que nos consideren en pocos días como un estorbo, a pesar de que no lo manifiesten así. Si nos programamos para visitar a la familia, aceptando todas las posibles invitaciones para comer o pasear, en poco tiempo seremos una carga, el familiar divorciado que no sabe con quién emplear su tiempo.

▸ La **economía** indudablemente estará bajo mínimos, sea cual sea nuestra situación, mantenidos o mantenedores. Ahora debemos afrontar gastos que antes compartíamos, lo mismo que el trabajo doméstico y el cuidado de los hijos. Los hombres que han tenido que abandonar sus hogares tendrán que buscar un lugar donde vivir y eso cuesta dinero. Del mismo modo, las mujeres que no ganen suficiente con su trabajo personal tendrán serios problemas para llegar a fin de mes, y eso a pesar de que acepten una pensión de su ex. El empobrecimiento es un hecho que hay que asumir antes de divorciarse y no basta con decir: «A mí con poco dinero me basta para vivir, si tengo una existencia feliz y tranquila.» Esa bravuconería dicha antes del divorcio nos hará ser poco realistas y tendremos entonces problemas para adaptarnos económicamente. Ambos ex cónyuges necesitarán una casa totalmente equipada, un coche, pagar los cuantiosos gastos de los abogados, las visitas al psicólogo, etc., por lo que debe admitirse que la ruptura matrimonial es siempre un desastre económicamente hablando.

▸ Por si fuera poco, no solamente hay que afrontar el propio desequilibrio emocional que se lleva encima y que se arrastra ya varios meses o años, sino que hay que estar serenos para ayudar a los hijos y tranquilizar a los padres.

▸ La pérdida de las *relaciones sexuales* puede parecer para las mujeres algo sin importancia y posiblemente más insoportable para el hombre, pero para ambos es un nuevo desequilibrio corporal a soportar. Acostumbrados a los abrazos, las caricias y el coito, suprimir bruscamente el contacto altera los nervios de la persona más sensata, volviéndole irritable y agresivo. Aun cuando esa pareja ya no realizara el acto sexual desde hacía semanas o meses, la disponibilidad esta allí y bastaba un simple acercamiento para que iniciaran un nuevo flirteo. Ahora ya no hay nada, al menos con esa persona, y la búsqueda rápida de una relación puramente carnal, sin afectividad por medio, ha llevado a muchas personas a una depresión intolerable.

▸ El *autoengaño* es también una trampa peligrosa para la estabilidad emocional. Decir a los cuatro vientos que estamos felices, optimistas y que se nos han acabado bruscamente los problemas desde que nos hemos divorciado, es una forma de ocultar nuestro subconsciente. El problema está en nuestro interior y vestirnos de colores no cambiará eso. Cuando la persona parece haber recuperado la fuente de la juventud, vistiéndose con ropas juveniles los hombres y con atuendos sexys las mujeres, llegan a un terreno sumamente peligroso, pues son presas fáciles de los oportunistas. Si en estos momentos sufren una burla o un rápido desengaño amoroso, el trastorno emocional será posiblemente más intenso que el del divorcio. Les ha cogido tan sensibles que posiblemente nunca más se recuperen afectivamente. Por ello, mejor esperar unos meses o años antes de intentar una nueva relación o una búsqueda compulsiva de las diversiones.

DESORIENTACIÓN

Es tan intenso el estrés emocional de las personas involucradas en un divorcio que inmediatamente, o con el tiempo, se encuentren inmersos en alguno o muchos de los problemas siguientes:

▸ *Rencor*, a la anterior pareja por supuesto, pero con frecuencia se extiende hacia todos los de su sexo, a quienes acusan de ser la causa de la desgracia ajena. Estas personas pueden ocasionar mucho daño a la sociedad en general, pues su odio lo exteriorizan sin miramientos y con sus comentarios siembran la cizaña entre las personas de su mismo sexo, alertándolas contra quienes son felices. Les avisan de cientos de peligros, de mentiras inexistentes y de que, tarde o temprano, se verán involucrados y serán víctimas del mismo mal que ellas. Con sus consejos, esencialmente sexistas, consideran al otro sexo como la maldad personificada, y si tienen algún poder político sus discursos serán claramente discriminatorios. Si son mujeres, militarán en grupos feministas radicales y formarán parte de cualquier manifestación en contra de los hombres. Y si son varones, despreciarán a cualquier mujer y aconsejarán a los más jóvenes que no se fíen de ellas (ni se casen, por supuesto), pues son poco menos que la reencarnación femenina de Satanás.

▸ *Venganza*. Estas personas ya desquiciadas solamente desean venganza contra quien consideran culpable de su desgracia moral y económica. Desde el primer día buscarán cómo vengarse y para ello emplearán cualquier medio disponible, entre ellos: atentar contra el patrimonio de su ex, como pincharle las ruedas del coche reiteradamente (incluso quemarlo), destrozar la vivienda conyugal antes de abandonarla definitivamente, sacar todos los ahorros bancarios comunes o pegarle una paliza amparándose en la noche o el anonimato.

▸ Otras medidas de venganza no menos crueles consisten en: hablar mal de su ex pareja a sus propios familiares y amigos, tratar de seducir a personas muy afines (incluso hacer el amor con ellos), realizar llamadas telefónicas injuriantes pretendidamente anónimas o enviar cartas con remitente falso al lugar de trabajo, alertando a sus jefes o socios sobre anomalías financieras. También hay quien realiza denuncias a Hacienda o sale en los medios de comunicación para narrar con todo detalle la maldad de su ex. Por desgracia, estos actos de venganza hay quien los realiza todos, uno por uno, pues si considera que con uno no ha sido suficiente ensayará el siguiente.

▸ *Falsas reconciliaciones*. Hay momentos, posiblemente entre la tregua de la agresividad, en que uno o los dos cónyuges desean la reconciliación, no tanto por el amor que siguen sintiendo, como por la necesidad de dar un reposo a su maltrecho espíritu. Por ello es frecuente que se envíen largas cartas de amor, buscando el perdón o la comprensión, y concierten citas para salir juntos e incluso para hacer el amor. En esos momentos la pasión es intensa, lo mismo que lo son las palabras de afecto. Parece que todo ha sido un malentendido, un arrebato o una suma de problemas que se pueden resolver como «personas civilizadas». Pero luego surge la vergüenza por haber sido débil, por confesar al otro que aún le quiere, por lo que comienzan los insultos y los reproches. Ciertamente no siempre es así, pues un abrazo intenso en la cama en ocasiones hace el milagro, y la pareja vuelve a unirse para siempre. Si creemos que entre hombre y mujer se solucionan los problemas del mismo modo que con un vecino o un familiar, estamos equivocados, pues el matrimonio siempre dispone de ese impulso irrefrenable que es el sexo. Dos horas de intensa pasión amorosa pueden hacer más bien que miles de diálogos.

▸ *Los años posteriores* no suelen ser siempre de relax y ausencia de las hostilidades. Lógicamente, la pareja que ya ha roto su relación debería recobrar casi inmediatamente su estabilidad emocional y su felicidad, pero hay factores que se lo van a impedir, como por ejemplo: las pensiones que paga uno de los cónyuges, el cual se siente humillado por tener que dar dinero posiblemente de por vida a una persona que le ha hecho daño. Esto le ocasiona una cólera que le impide reconciliarse con su ex, mucho más intensa si la mujer se regocija por este hecho y le exige mediante abogados y denuncias el pago eterno de ese dinero. En los casos en los cuales la entrega de la pensión es ciertamente humillante para quien la otorga, como cuando la mujer tiene ya una pareja estable oculta a los jueces, el hombre puede sentir la necesidad moral de alejarse para siempre a otra provincia o país.

Esto conlleva a que cuando hay hijos se vean involucrados durante muchos años en las siguientes disputas de sus padres, eternas e igualmente violentas, pues quien no recibe el dinero impide que el padre vea a los hijos en los días establecidos. De este modo los niños

vuelven a participar en las disputas de los padres, ahora exclusivamente por dinero. Ésta es una de las formas más destructivas y mez-
quinas de manipular a los niños, solamente similar a quien durante
el resto de la vida le habla mal de su padre o madre ausente.

CAPACIDAD DE RECUPERACIÓN

«No hay mal que cien años dure, ni cuerpo que lo aguante», dice un
viejo refrán, al que debemos añadir que: «Después de una noche de
tormenta viene siempre un bello amanecer». Indudablemente es
mejor este consejo tan ancestral y sabio, con tanta carga de esperanza, que todos esos anteriores en los cuales nos hablaban de
venganza, rencor y trampas. Aunque ya les he dado muchos consejos anteriormente, aquí va otro: aléjense de quienes, con la excusa
de protegerles o ayudarles, les incitan al odio, a la pelea continuada y a la venganza. De quienes le acompañan en sus críticas hacia
su pareja y de quienes le presentan a «un buen abogado» que le
hará ganar el divorcio. También de aquellos que le dicen lo que tienen que perdonar y lo que no deben tolerar, así como de quienes le
acompañan como fieles guardaespaldas en sus entrevistas con su
pareja.

Busquen siempre una persona que trate de sembrar la concordia,
la sensatez, y que sepa hacer mutis por el foro cuando la pareja en
lugar de insultarse inicia un tímido beso. Deje a sus hijos durante las
hostilidades con quienes sean imparciales y no se dediquen a criticar
a uno o ambos padres, pues esa persona debe ser capaz de tranquilizar a los preocupados niños, tan asustados por lo que están viviendo.

Una vez que las heridas ya han cicatrizado, se podría efectuar un
acercamiento si los hijos todavía son pequeños y lo requieren, pero
en esto hay que contar con las nuevas parejas, quienes razonablemente verán con temor esas visitas entre antiguos amantes. El
miedo a que ambos traten de rememorar simplemente días glorio-
sos y de pasión existe, por lo que si no queremos vernos inmersos en
otro nuevo divorcio debemos contar siempre con la aprobación (y la
presencia) de nuestra nueva pareja.

De todas maneras, lo más habitual es perder el contacto unos con otros, pues así se evitan nuevos roces, y dejar que cada cual lleve su vida a su modo, sin críticas ni injerencias. Sabemos que es doloroso ver a nuestros hijos, posiblemente ya mayores, compartiendo casa y comida con padres «postizos», así como es sumamente hiriente saber que en nuestra cama matrimonial hay otra persona abrazando a quien antes tuvimos a nuestro lado. Imposible dar soluciones para evitar que el dolor nos llegue hasta el corazón, pero si pusimos anteriormente todo el empeño en que nuestro matrimonio no se rompiera, al menos nuestra tranquila conciencia nos ayudará a superar estos momentos.

Pues éste será el mejor consejo que debo darles: compórtense siempre con honradez y honestidad, como buenas personas, pues esto les hará recuperarse más rápidamente de sus heridas que si su comportamiento hubiera sido indigno. No olvide que su conciencia (su subconsciente) está siempre presente y sus malas acciones le pasarán factura impidiéndole ser feliz. No importa la maldad que su cónyuge haya tenido con usted, y no le responda con la ley del Talión. Cuando usted le cuente a su nueva pareja sentimental el proceso de su divorcio, deberá oír solamente el relato de una buena persona que un día tuvo que divorciarse por aquello de «incompatibilidad de caracteres». Pero si sus comentarios son presumiendo de todo el daño que le hizo y cómo realizó reiteradas venganzas, posiblemente su pareja sienta deseos de huir de su lado. A fin de cuentas, quien así se comportó así se puede volver a comportar si las circunstancias se repitieran.

CÓMO CUIDAR A LOS HIJOS DESPUÉS DEL DIVORCIO

Si complicado es tomar la decisión antes del divorcio por considerar que los hijos siempre saldrán perjudicados, no menos problemático es resolver todos los trastornos que invariablemente se darán después, incluso en los años venideros y cuando todo parezca olvidado. Hay hijos que han mantenido el rencor hacia sus padres, o con más frecuencia hacia uno de ellos, durante toda su vida, por el daño que le han hecho a causa de su divorcio. Por ello es frecuente ver una hostilidad continuada durante el resto de la vida, llegando al punto en que se hace imposible la relación con los hijos afectados. Muchos padres abandonados por sus hijos en la vejez lo son solamente por haberse divorciado hace treinta o cuarenta años antes.

Nadie lo tiene fácil una vez efectuado el divorcio, pero los padres tampoco. Quien se haya quedado al cargo de los hijos, generalmente la madre por decisión del juez y casi nunca de los propios padres, deberá llevar en solitario todos los problemas económicos y educacionales, volcándose casi exclusivamente en ellos cuando son varios, privándose así de encauzar su vida personal.

El padre tampoco lo tiene fácil, pues a los problemas económicos añadidos por ser quien tiene que mantener dos casas, no podrá tener por lo menos el consuelo de disfrutar diariamente de sus hijos, recompensa lógica a sus esfuerzos.

Y si los padres lo tienen difícil imagínense los hijos, especialmente aquellos que tienen entre siete y quince años, los más afectados, pues ya tienen la capacidad para juzgar lo que les ocurre a su alrededor, sienten en sí mismos las discrepancias y la falta de amor de sus padres, y les embarga un miedo atroz hacia su propio futuro. No sirven en este caso las actitudes de buena voluntad de la madre al decirle que ella cuidará perfectamente de él, pues sabe que «perfectamente» es una intención y no una realidad. El soporte que le daban sus dos padres juntos, trabajando y cuidándole al unísono, no lo podrá encontrar en uno solo.

Éstas son algunas recomendaciones para aliviarles su pena y miedo:

▸ Hay que repetirle que el cuidado de él sigue siendo cosas de ambos padres, aunque uno de ellos viva en otra casa.

▸ Nunca hay que quitarle la esperanza de que sus padres vuelvan a reconciliarse, aunque sepamos que esto ya no es posible. Ese sueño atenúa su angustia y el tiempo será quien decida si verdaderamente era un sueño o una realidad. Como en tantas otras cosas, es mejor alimentar falsas esperanzas en un niño que quitarle toda esperanza.

‣ Hay que ser conscientes de que los hijos admitirán de muy mal grado a las nuevas parejas de sus padres y mucho más si hay otros hijos por medio. Los negativismos, el mal carácter y la rebeldía son solamente reacciones lógicas a una situación que desearían cambiar. Por ello somos nosotros los que debemos ser tolerantes y comprensivos, no al revés.

‣ Los adolescentes suelen encajar mejor la disolución, básicamente porque para ellos no es una sorpresa y están cansados de soportar peleas, broncas, discusiones e insultos. Están ya en una edad en la cual necesitan cierta independencia y vida propia, por lo que los conflictos hogareños les impiden realizar sus ambiciones personales. La separación, si no les impide su vida privada y pueden contar con la misma libertad que antes, supone casi un alivio y, además, aceptan menos los sobornos de sus padres. Ellos deciden ya con quién vivirán y cuándo se efectuarán las visitas al padre ausente, suponiendo en muchos casos un soporte eficaz para ambos divorciados. No obstante, hay muchos jóvenes que entran precisamente en una espiral de violencia callejera, drogadicción, delincuencia o absentismo académico, precisamente por no existir en su hogar el control necesario hacia ellos. El hecho de tener que resolverse sus propios problemas personales en solitario les obliga a unirse a personas no siempre recomendables, eligiendo casi siempre a los peores.

‣ Lo que es un hecho es que, sea cual sea la edad de los hijos, siempre tienen un período en sus vidas que se crían peor que los de padres unidos, pues un hogar conflictivo no es la mejor escuela de vida. Los estudios demuestran que los trastornos de la conducta en los niños comienzan mucho antes del divorcio de sus padres, pues la intranquilidad y la inseguridad hacen presa de ellos en cuanto comienzan las disputas y se habla reiteradamente del divorcio.

‣ Mantenerse juntos por el bien de los niños pequeños es razonable siempre y cuando exista un deseo de mejorar la relación de pareja, aunque esta buena intención se venga abajo una y otra vez. Los niños, cuando ven de nuevo juntos a sus padres, recuperan en pocos días la sonrisa en sus caras, hasta que una nueva bronca les saca de su ensueño.

▶ Una vez que la separación es un hecho, la ausencia de uno de los padres, generalmente el varón, provoca sensación de abandono y confusión al niño, aunque el otro cónyuge intente mitigar su desconcierto. Si comete el error de hablar mal de su padre, hará un daño aún mayor al niño, pues le contará cosas que él ignoraba y, aún peor, que no son ciertas, pues no hay peor juicio que aquel que se realiza en ausencia del acusado.

▶ El dolor de los padres por ver a sus hijos sufrir es muy intenso, y los intentos por hacer entrar en razones al cónyuge suelen ser infructuosos, pues ambos se creen víctimas y nunca culpables. Lo importante es guardar la entereza delante de los hijos y no convertirse en un mar de lágrimas en su presencia, empleando su pequeño hombro para pedir ayuda. Indudablemente los esposos necesitan ayuda, pero deben buscarla en otras personas, no asumiendo el papel de infelices y exentos de toda culpa. Delante de los hijos solamente son necesarias las sonrisas y el interés por sus pequeños problemas, olvidando en ese momento los personales.

▶ No olviden que sus hijos intentarán por su parte reconciliarles y emplearán numerosas estratagemas para lograrlo, por lo que un poco de teatro no estará de más para hacerles ver que sus buenas intenciones tienen su recompensa.

▶ Nunca hable mal de su padre o madre a un hijo, aunque tenga razones para ello. Si no puede hablar bien porque su rencor es tan alto que le resulta imposible, al menos no hable nada. Hay numerosos casos de hijos que se llevaban bien con sus padres divorciados que poco a poco han cambiado de opinión por los comentarios destructivos de uno de ellos. Esta maldad es tan abundante que nos hace dudar del amor de muchos padres.

▶ La adaptación del niño a las nuevas circunstancias, y en ocasiones al nuevo hogar, puede ser rápida si sus padres se muestran serenos y dejan de pelear y pleitear, desde el momento mismo de la separación. Si, además, no se interrumpe la comunicación y el tema de conversación entre los antiguos esposos sigue centrado en el bienestar de los hijos, la recuperación es muy rápida para todos.

▸ De todas maneras, lo habitual son los trastornos en el niño y éstos comprenden: tristeza, falta de apetito, disminución del rendimiento escolar, deseos de aislamiento, pesadillas o rebeldía ante cualquier orden. Los adolescentes, por su parte, suelen mostrar resentimiento intenso hacia uno de los padres, en ocasiones a quien se hace cargo de su custodia, pues siempre buscan un único culpable de su desgracia. El padre objeto de esta hostilidad tendrá que soportar una vida de tristeza a causa de la hostilidad del hijo que está cuidando, además de sus problemas personales y económicos. Paradójicamente, el padre ausente suele gozar de gran estima por parte del hijo.

07

EL CÓDIGO CIVIL ESPAÑOL

Entre los diferentes textos legales del mundo que recogen y regulan el matrimonio hemos escogido el Código Civil de España como ejemplo. Se trata de un código aprobado por real decreto en 1889 y profundamente modificado por sucesivas leyes; en especial, su título IV, que regula el matrimonio y determina el procedimiento a seguir en las causas de nulidad, separación y divorcio.

REQUISITOS PARA EL MATRIMONIO

Art. 44
El hombre y la mujer tienen derecho a contraer matrimonio conforme a las disposiciones de este código.

Art. 46
No pueden contraer matrimonio:
    1.º Los menores de edad no emancipados.
    2.º Los que estén ligados con vínculo matrimonial.

Art. 51
Será competente para autorizar el matrimonio:

1. El juez encargado del Registro Civil y el alcalde del municipio donde se celebre el matrimonio, o concejal en quien delegue.

2. En los municipios en que no resida dicho juez, el delegado designado reglamentariamente.

3. El funcionario diplomático o consular encargado del Registro Civil en el extranjero.

Art. 52

Podrá autorizar el matrimonio del que se halle en peligro de muerte:

1. El juez encargado del Registro civil, el delegado o el alcalde, aunque los contrayentes no residan en la circunscripción respectiva.

2. En defecto de juez, y respecto de los militares en campaña, el oficial o jefe superior inmediato.

3. Respecto de los matrimonios que se celebran a bordo de nave o aeronave, el capitán o comandante de la misma.

Este matrimonio no requerirá para su autorización la previa formación de expediente, pero sí la presencia, en su celebración, de dos testigos mayores de edad, salvo imposibilidad acreditada.

Art. 53

La validez del matrimonio no quedará afectada por la incompetencia o falta de nombramiento legitimo del juez, alcalde o funcionario que lo autorice, siempre que al menos uno de los cónyuges hubiera procedido de buena fe y aquéllos ejercieran sus funciones públicamente.

Art. 55

Podrá autorizarse en el expediente matrimonial que el contrayente que no resida en el distrito o demarcación del juez, alcalde o funcionario autorizante celebre el matrimonio por apoderado a quien haya concedido poder especial en forma auténtica, pero siempre será necesaria la asistencia personal del otro contrayente.

En el poder se determinará la persona con quien ha de celebrarse el matrimonio, con expresión de las circunstancias personales precisas para establecer su identidad. El poder se extinguirá por la revocación del poderdante, por la renuncia del apoderado o por la muerte de cualquiera de ellos. En caso de revocación por el poderdante bastará su manifestación en forma auténtica antes de la celebración del matrimonio.

La revocación se notificará de inmediato al juez, alcalde o funcionario autorizante.

Art. 56

Quienes deseen contraer matrimonio acreditarán previamente, en expediente tramitado conforme a la legislación del Registro Civil, que reúnen los requisitos de capacidad establecidos en este código.

Si alguno de los contrayentes estuviere afectado por deficiencias o anomalías psíquicas, se exigirá dictamen médico sobre su aptitud para prestar el consentimiento.

Art. 57

El matrimonio deberá celebrarse ante el juez, alcalde o funcionario correspondiente al domicilio de cualquiera de los dos contrayentes y dos testigos mayores de edad.

La prestación del consentimiento podrá también realizarse, por delegación del instructor del expediente, bien a petición de los contrayentes o bien de oficio, ante juez, alcalde o funcionario de otra población distinta.

Art. 58

El juez, alcalde o funcionario, después de leídos los artículos 66, 67 y 68, preguntará a cada uno de los contrayentes si consienten en contraer matrimonio con el otro y si efectivamente lo contraen en dicho acto y, respondiendo ambos afirmativamente, declarará que los mismos quedan unidos en matrimonio y extenderá la inscripción o el acta correspondiente.

DE LOS DERECHOS Y DEBERES DE LOS CÓNYUGES

Art. 66

El marido y la mujer son iguales en derechos y deberes.

Art. 67

El marido y la mujer deben respetarse y ayudarse mutuamente y actuar en interés de la familia.

Art. 68

Los cónyuges están obligados a vivir juntos, guardarse fidelidad y socorrerse mutuamente.

Art. 69

Se presume, salvo prueba en contrario, que los cónyuges viven juntos.

Art. 70

Los cónyuges fijarán de común acuerdo el domicilio conyugal y, en caso de discrepancias, resolverá el juez, teniendo en cuenta el interés de la familia.

Art. 71

Ninguno de los cónyuges puede atribuirse la representación del otro sin que le hubiere sido conferida.

SOBRE LA SEPARACIÓN

Art. 81

Se decretará judicialmente la separación, cualquiera que sea la forma de celebración del matrimonio:

1. A petición de ambos cónyuges o de uno con el consentimiento del otro, una vez transcurrido el primer año del matrimonio. Deberá necesariamente acompañarse a la demanda la propuesta de convenio regulador de la separación, conforme a los artículos 90 y 103 de este código.

2. A petición de uno de los cónyuges, cuando el otro esté en causa legal de separación.

Art. 82

Son causas de separación:

1. El abandono injustificado del hogar, la infidelidad conyugal, la conducta injuriosa o vejatoria y cualquier otra violación grave o reiterada de los deberes conyugales.

   No podrá invocarse como causa la infidelidad conyugal si existe previa separación de hecho libremente consentida por ambos o impuesta por el que la alegue.

2. Cualquier violación grave o reiterada de los deberes respecto de los hijos comunes o respecto de los de cualquiera de los cónyuges que convivan en el hogar familiar.

3. La condena a pena de privación de libertad por tiempo superior a seis años.

4. El alcoholismo, la toxicomanía o las perturbaciones mentales, siempre que el interés del otro cónyuge o el de la familia exijan la suspensión de la convivencia.

5. El cese efectivo de la convivencia conyugal durante seis meses, libremente consentido. Se entenderá libremente prestado este consentimiento cuando un cónyuge requiriese fehacientemente al otro para prestarlo, apercibiéndole expresamente de las consecuencias de ello, y éste no mostrase su voluntad en contra por cualquier medio admitido en derecho o pidiese la separación o las medidas provisionales a que se refiere el artículo 103, en el plazo de seis meses a partir del citado requerimiento.

6. El cese efectivo de la convivencia conyugal durante el plazo de tres años.

7. Cualquiera de las causas de divorcio en los términos previstos en los números 3, 4 y 5 del artículo 86.

Art. 83

La sentencia de separación produce la suspensión de la vida en común de los casados y cesa la posibilidad de vincular bienes del otro cónyuge en el ejercicio de la potestad doméstica.

Art. 84

La reconciliación pone término al procedimiento de separación y deja sin efecto ulterior lo en él resuelto, pero los cónyuges deberán poner aquélla en conocimiento del juez que entienda o haya entendido en el litigio.

Ello no obstante, mediante resolución judicial, serán mantenidas o modificadas las medidas adoptadas en relación a los hijos cuando exista causa que lo justifique.

DE LA DISOLUCIÓN DEL MATRIMONIO

Art. 85

El matrimonio se disuelve, sea cual fuere la forma y el tiempo de su celebración, por la muerte o la declaración de fallecimiento de uno de los cónyuges y por el divorcio.

Art. 86

Son causas de divorcio:

1. El cese efectivo de la convivencia conyugal durante al menos un año ininterrumpido desde la interposición de la demanda de separación formulada por ambos cónyuges o por uno de ellos con el consentimiento del otro, cuando aquélla se hubiera interpuesto una vez transcurrido un año desde la celebración del matrimonio.

2. El cese efectivo de la convivencia conyugal durante al menos un año ininterrumpido desde la interposición de la demanda de separación personal, a petición del demandante o de quien hubiere formulado reconvención conforme a lo establecido en el artículo 82, una vez firme la resolución estimatoria de la demanda de separación si, transcurrido el expresado plazo, no hubiera recaído resolución en la primera instancia.

3. El cese efectivo de la convivencia conyugal durante al menos dos años ininterrumpidos:

a) Desde que se consienta libremente por ambos cónyuges la separación de hecho o desde la firmeza de la resolución judicial, o desde la declaración de ausencia legal de alguno de los cónyuges, a petición de cualquiera de ellos.

b) Cuando quien pide el divorcio acredite que, al iniciarse la separación de hecho, el otro estaba incurso en causa de separación.

4. El cese efectivo de la convivencia conyugal durante el transcurso de al menos cinco años, a petición de cualquiera de los cónyuges.

5. La condena en sentencia firme por atentar contra la vida del cónyuge, sus ascendientes o descendientes.

Cuando el divorcio sea solicitado por ambos o por uno con el consentimiento de otro, deberá necesariamente acompañarse a la demanda o al escrito inicial la propuesta convenio regulador de sus efectos, conforme a los artículos 90 y 103 de este Código.

Art. 87
El cese efectivo de la convivencia conyugal, a que se refieren los artículos 82 y 86 de este Código, es compatible con el mantenimiento o la reanudación temporal de la vida en el mismo domicilio, cuando ello obedezca en uno o en ambos cónyuges a la necesidad, al intento de reconciliación o al interés de los hijos, y así sea acreditado por cualquier medio admitido en derecho en el proceso de separación o de divorcio correspondiente.

La interrupción de la convivencia no implicará el cese efectivo de la misma si obedece a motivos laborales, profesionales o cualesquiera otros de naturaleza análoga.

Art. 88
La acción de divorcio se extingue por la muerte de cualquiera de los cónyuges y por su reconciliación, que deberá ser expresa cuando se produzca después de interpuesta la demanda.

La reconciliación posterior al divorcio no produce efectos legales, si bien los divorciados podrán contraer entre sí nuevo matrimonio.

DE LOS EFECTOS COMUNES A LA NULIDAD, SEPARACIÓN Y DIVORCIO

Art. 90

El convenio regulador a que se refieren los artículos 81 y 86 de este Código deberá referirse, al menos, a los siguientes extremos:

A) La determinación de la persona a cuyo cuidado hayan de quedar los hijos sujetos a la patria potestad de ambos, el ejercicio de ésta y el régimen de visitas, comunicación y estancia de los hijos con el progenitor que no viva con ellos.

B) La atribución del uso de la vivienda y ajuar familiar.

C) La contribución a las cargas del matrimonio y alimentos, así como sus bases de actualizaciones y garantías en su caso.

D) La liquidación, cuando proceda, del régimen económico del matrimonio.

E) La pensión que conforme al artículo 97 correspondiere satisfacer, en su caso a uno de los cónyuges.

Los acuerdos de los cónyuges, adoptados para regular las consecuencias de la nulidad, separación o divorcio serán aprobados por el juez, salvo si son dañosos para los hijos o gravemente perjudiciales para uno de los cónyuges. La denegación habrá de hacerse mediante resolución motivada y en este caso los cónyuges deben someter a la consideración del juez nueva propuesta para su aprobación, si procede. Desde la aprobación judicial, podrán hacerse efectivos por la vía de apremio.

Las medidas que el juez adopte en defecto de acuerdo, o las convenidas por los cónyuges, podrán ser modificadas judicialmente o por nuevo convenio cuando se alteren sustancialmente las circunstancias.

El juez podrá establecer las garantías reales o personales que requiera el cumplimiento del convenio.

Art. 91

En las sentencias de nulidad, separación o divorcio, o en ejecución de las mismas, el juez, en defecto de acuerdo de los cónyuges o en caso de no aprobación del mismo, determinará conforme a lo establecido en los artículos siguientes las medidas que hayan de sustituir a las ya adoptadas con anterioridad en relación con los hijos, la vivienda familiar, las cargas del matrimonio, liquidación del régimen económico y las cautelas o garantías respectivas, estableciendo las que procedan si para alguno de estos conceptos no se hubiera adoptado ninguna. Estas medidas podrán ser modificadas cuando se alteren sustancialmente las circunstancias.

Art. 92

La separación, la nulidad y el divorcio no eximen a los padres de sus obligaciones para con los hijos. Las medidas judiciales sobre el cuidado y educación de los hijos serán adoptadas en beneficio de ellos, tras oírles si tuvieran suficiente juicio, y siempre a los mayores de doce años.

En la sentencia se acordará la privación de la patria potestad cuando en el proceso se revele causa para ello.

Podrá también acordarse, cuando así convenga a los hijos, que la patria potestad sea ejercida total o parcialmente por uno de los cónyuges o que el cuidado de ellos corresponda a uno u otro, procurando no separar a los hermanos.

El juez, de oficio o a petición de los interesados, podrá recabar el dictamen de especialistas.

Art. 93

El juez en todo caso determinará la contribución de cada progenitor para satisfacer los alimentos y adoptará las medidas convenientes para asegurar la efectividad y acomodación de las prestaciones a las circunstancias económicas y necesidades de los hijos en cada momento.

Si convivieran en el domicilio familiar hijos mayores de edad o emancipados que carecieran de ingresos propios, el juez en la misma resolución fijará los alimentos que sean debidos conforme a los artículos 142 y siguientes de este código.

Art.94

El progenitor que no tenga consigo a los hijos menores o incapacitados gozará del derecho a visitarlos, comunicar con ellos y tenerlos en su compañía.

El juez determinará el tiempo, modo y lugar del ejercicio de este derecho, que podrá limitar o suspender si se dieren graves circunstancias que así lo aconsejen o se incumplieren grave o reiteradamente los deberes impuestos para la resolución judicial.

Art. 95

La sentencia firme producirá, respecto de los bienes del matrimonio, la disolución del régimen económico matrimonial.

Si la sentencia de nulidad declara la mala fe de uno solo de los cónyuges, el que hubiere obrado de buena fe podrá optar por aplicar en la liquidación del régimen económico matrimonial las disposiciones relativas al régimen de participación y el de mala fe no tendrá derecho a participar en las ganancias obtenidas por su consorte.

Art. 96

En defecto de acuerdo de los cónyuges aprobado por el juez, el uso de la vivienda familiar y de los objetos de uso ordinario en ella corresponde a los hijos y al cónyuge en cuya compañía queden.

Cuando algunos de los hijos queden en la compañía de uno y los restantes en la del otro, el juez resolverá lo procedente.

No habiendo hijos, podrá acordarse de que el uso de tales bienes, por el tiempo que prudencialmente se fije, corresponda al cónyuge no titular, siempre que, atendidas las circunstancias, lo hicieran aconsejable y su interés fuera el más necesitado de protección.

Para disponer de la vivienda y bienes indicados cuyo uso corresponde al cónyuge no titular se requerirá el consentimiento de ambas partes o, en su caso, autorización judicial.

Art. 97

El cónyuge al que la separación o divorcio produzca desequilibrio económico en relación con la posición del otro, que implique un empeoramiento en su situación anterior en el matrimonio, tiene derecho a una pensión que se fijará en la resolución judicial, teniendo en cuenta, entre otras, las siguientes circunstancias:

1. Los acuerdos a que hubieren llegado los cónyuges.

2. La edad y estado de salud.

3. La cualificación profesional y las probabilidades de acceso a un empleo.

4. La dedicación pasada y futura a la familia.

5. La colaboración con su trabajo en las actividades mercantiles, industriales o profesionales del otro cónyuge.

6. La duración del matrimonio y de la convivencia conyugal.

7. La pérdida eventual de un derecho de pensión.

8. El caudal y medios económicos y las necesidades de uno y otro cónyuge.

En la resolución judicial se fijarán las bases para actualizar la pensión y las garantías para su efectividad.

Art. 98

El cónyuge de buena fe cuyo matrimonio haya sido declarado nulo tendrá derecho a una indemnización si ha existido convivencia conyugal, atendidas las circunstancias previstas en el artículo 97.

Art. 99

En cualquier momento podrá convenirse la sustitución de la pensión fijada judicialmente, conforme al artículo 97, por la constitución de una renta vitalicia, el usufructo de determinados bienes o la entrega de un capital en bienes o en dinero.

Art. 100

Fijada la pensión y las bases de su actualización en la sentencia de separación o de divorcio, sólo podrá ser modificada por alteraciones sustanciales en la fortuna de uno u otro cónyuge.

Art. 101

El derecho a la pensión se extingue por el cese de la causa que lo motivó, por contraer el acreedor nuevo matrimonio o por vivir maritalmente con otra persona.

El derecho a la pensión no se extingue por el solo hecho de la muerte del deudor. No obstante, los herederos de éste podrán solicitar del juez la reducción o supresión de aquélla, si el caudal hereditario no pudiera satisfacer las necesidades de la deuda o afectara a sus derechos en la legítima.

DE LAS MEDIDAS PROVISIONALES POR DEMANDA DE NULIDAD, SEPARACIÓN Y DIVORCIO

Art. 102

Admitida la demanda de nulidad, separación o divorcio, se producen, por ministerio de la Ley, los efectos siguientes:

1. Los cónyuges podrán vivir separados y cesa la presunción de convivencia conyugal.

2. Quedan revocados los consentimientos y poderes que cualquiera de los cónyuges hubiera otorgado al otro.

Así mismo, salvo pacto en contrario, cesa la posibilidad de vincular los bienes privativos del otro cónyuge en el ejercicio de la potestad económica.

A estos efectos, cualquiera de las partes podrá instar la oportuna anotación en el Registro Civil y, en su caso, en los de la Propiedad Mercantil.

Art. 103

Admitida la demanda, el juez, a falta de acuerdo de ambos cónyuges aprobado judicialmente, adoptará, con audiencia de éstos, las medidas siguientes:

1. Determinar, en interés de los hijos, con cuál de los cónyuges han de quedar los sujetos a la patria potestad de ambos y tomar las disposiciones apropiadas de acuerdo con lo establecido en este Código y en particular la forma en que el cónyuge apartado de los hijos podrá cumplir el deber de velar por éstos y el tiempo, modo y lugar en que podrá comunicar con ellos y tenerlos en su compañía.

   Excepcionalmente los hijos podrán ser encomendados a otra persona y, de no haberla, a una institución idónea, confiriéndoseles las funciones tutelares que ejercerán bajo la autoridad del juez.

2. Determinar, teniendo en cuenta el interés familiar más necesitado de protección, cuál de los cónyuges ha de continuar en el uso de la vivienda familiar y así mismo, previo inventario, los bienes y objetos del ajuar que continúan en ésta y los que se ha de llevar el otro cónyuge, así como también las medidas cautelares convenientes para conservar el derecho de cada uno.

3. Fijar la contribución de cada cónyuge a las cargas del matrimonio, incluidas si procede las *litis expensas*, establecer las bases para la actualización de cantidades y disponer las garantías, depósitos, retenciones u otras medidas cautelares convenientes, a fin de asegurar la efectividad de lo que por estos conceptos un cónyuge haya de abonar al otro.

   Se considerará contribución a dichas cargas de trabajo que uno de los cónyuges dedicará a la atención de los hijos comunes sujetos a patria potestad.

4. Señalar, atendidas las circunstancias, los bienes gananciales o comunes que, previo inventario, se hayan de entregar a uno u otro cónyuge y las reglas que deban observar en la adminis-

tración y disposición, así como en la obligatoria rendición de cuentas sobre los bienes comunes o parte de ellos que reciban y los que adquieran en lo sucesivo.

5. Determinar, en su caso, el régimen de administración y disposición de aquellos bienes privativos que por capitulaciones o escrituras públicas estuvieran especialmente afectados a las reglas del matrimonio.

Art. 104

El cónyuge que se proponga demandar la nulidad, separación o divorcio de su matrimonio puede solicitar los efectos y medidas a que se refieren los dos artículos anteriores.

Estos efectos y medidas sólo subsistirán si, dentro de los treinta días siguientes a contar desde que fueron inicialmente adoptados, se presenta la demanda ante el juez o tribunal competente.

Art. 105

No incumple el deber de convivencia el cónyuge que sale del domicilio conyugal por una causa razonable y en el plazo de treinta días presenta la demanda o solicitud a que se refieren los artículos anteriores.

Art. 106

Los efectos y medidas previstos en este capítulo terminan, en todo caso, cuando sean sustituidos por los de la sentencia estimatoria o se ponga fin al procedimiento de otro modo.

La revocación de consentimientos y poderes se entiende definitiva.

«Siempre que una mujer encuentra a un hombre que sería un buen marido, es que normalmente lo es ya.»

Anónimo

«Los maridos que son como niños serían perfectos si también fueran adultos.»

Anónimo

NUEVAS LEYES

En un artículo publicado en el periódico londinense *The Spectator*, Melanie Phillips expone la intensa conspiración existente contra los hombres, víctimas de un sexismo que no sólo es legal en el Reino Unido hoy, sino obligatorio.

«Uno de los muchos misterios de nuestros tiempos es por qué la justicia británica ha abierto la veda sobre la especie humana. A los hombres se les está sistemáticamente robando su reputación, sus hijos y el dinero ganado con su trabajo. Las personas responsables de

AHORA, PARA RELAJARNOS, UN POCO DE HUMOR

Algunas frases son mías, otras sabe Dios quién será el autor, pero seguramente no importa.

▸ Aunque nos digan que las modelos de las revistas no son reales, no van a impedir que sigamos comprándolas.

▸ Si algo de lo que dije puede interpretarse de dos maneras y por eso está enfadado conmigo, he querido decir lo otro.

▸ Déjenos coquetear. Si no nos miran los hombres, ¿cómo podemos saber lo guapas que somos?

▸ Un coche deportivo en nuestras manos es una necesidad satisfecha; en manos de los otros, una fanfarronería.

▸ Las conversaciones telefónicas casi todas terminan antes de treinta segundos, salvo las de mi mujer con sus amigas.

▸ Todos sabemos ser amables con las mujeres... de los demás.

▸ Una gran fiesta entre hombre y mujer sale barata, pues ni siquiera se necesita ropa.

▸ No regale nunca a un vecino/a la obra «Sé infiel y no mires con quién».

▸ Las colas para entrar en el retrete siempre son interminables.

▸ Un piropo: no estás guapa, deslumbras.

▶ No traiga nunca a su marido a una entrevista de trabajo.

▶ El asesino de Scream no está en su casa, seguro; es su suegra.

▶ Si su mujer le dice que la masturbación es saludable tome la indirecta.

▶ Mujeres, desde ahora pueden ir al baño sin un grupo de apoyo.

▶ Olvídese de recoger a su amante en el hotel, así él pagará la cuenta.

▶ Cuando alguien le critica su trabajo ya sabe quién le odia.

▶ Matar el hambre no implica ser un asesino.

▶ Nadie podrá saber lo estúpida que es su pareja si no la deja en libertad.

▶ Hombres, ya no tenéis que limpiar más el retrete; en el bar es gratis.

▶ Sea infiel y no se preocupe de su reputación; preocúpese de pasarlo bien.

▶ La sabiduría se demuestra cumpliendo los cuarenta años y estando aún soltero.

▶ Un estúpido es aquel que escribe su nombre en la nieve pretendiendo pasar a la posteridad.

esta lucha de sexos son mujeres sobrias y hombres aparentemente justos y bien trajeados.

Si lo que se arroja habitualmente contra los hombres se dirigiera a mujeres, gente de color, gays o inmigrantes, se opondría de inmediato una condena social por el más vil de los prejuicios, por discriminación e incluso por persecución. Y, sin embargo, la inmensa mayoría de las personas, o bien no saben de qué manera se han cargado los dados en perjuicio de los hombres o, si tienen una vaga idea, creen que en realidad se lo merecen.

¿Le parece que exagero? Considere la lista sobre maltratadores que ciertos políticos insisten en publicar. Ni siquiera la fotografía de los miles de presos (entre ellos asesinos y terroristas) que están en las cárceles ha sido publicada con tanto interés como ésta. El Gobierno inglés ha indicado que también desea endurecer la ley sobre violación, pues está seguro que no hay suficiente número de hombres que hayan sido condenados. Entre sus propósitos están el acortar los juicios, evitar los recursos y meterles rápidamente en la cárcel.

Los prejuicios antihombre forman parte, de hecho, de la mentalidad del Gobierno, y eso que las investigaciones internacionales más rigurosas muestran abrumadoramente que los actos de violencia doméstica los comienzan ambos, aunque la respuesta del hombre es más contundente.

Cuando se le preguntó por qué su grupo político no hace referencia a toda esta investigación, Jay contestó que el Gobierno no puede involucrarse en temas tan "sutiles" y que aunque algunos hombres hayan sido maltratados por sus mujeres el número siempre es menor.

Por eso este grupo que tiene tanto trabajo no siente ningún interés por ayudar a aquellos varones que continúan desesperadamente intentando ser los padres de sus hijos tras el divorcio, pero se encuentran con que los juzgados ponen obstáculos formidables en su camino, incluso si los hombres han actuado rectamente y sus mujeres no. Los jueces de familia tienden a obligar a los padres a probar que son buenos padres, que no son violentos o represivos. Por el contrario, asumen que las madres son generalmente el mejor progenitor para convivir los hijos, sin pararse a examinar cómo se han comportado.

Cierto que algunos hombres se portan muy mal con sus mujeres e hijos, pero los abogados matrimonialistas estiman, sin embargo, que no más de un tercio de los maridos que ven son violentos, y que tanto las mujeres como los hombres mienten en igual proporción. Y, sin embargo, los juzgados están institucionalmente sesgados contra los maridos, arrojándoles de sus casas con el mínimo pretexto, despojándoles de sus hijos y sus bienes.»

Otras conclusiones pertenecientes al mismo informe

«La falta de contacto con sus hijos es una fuente de inmensa injusticia y miseria para muchos padres. Los abogados dicen que éste es un escenario muy típico. La madre decide separarse porque ha encontrado a otro hombre y emplea la justificación legal de malos tratos psíquicos continuados. Bien, todos sabemos que las parejas que han decidido divorciarse no intercambian piropos precisamente, pero desde ese momento el padre verá limitado su acceso a los niños, aun cuando su categoría como padre sea ejemplar. Lo que viene después ya lo sabemos, pues ninguna mujer irá a la cárcel por impedir que el padre vea a los hijos en las fechas y horas marcadas por el juez, pero si éste deja de pagar la pensión alimenticia se le requisará el sueldo, primeramente, y luego irá a prisión.»

Como corrección a estas manifestaciones la nueva presidenta de la sección de familias del alto tribunal, Isabel Butler-Sloss, negó unos meses atrás, ese mismo año, que los derechos de contacto de los padres con los hijos fueran escasos o injustos aunque, añadió ambiguamente, en una pequeña minoría de padres se suscitaron verdaderos problemas.

Un caso comentado fue el de aquel padre que, en un McDonalds, abrió los brazos frente a su hija y le dijo: «Apuesto a que no me has visto nunca con traje», y un asistente social que vigilaba malinterpretó el gesto, decidiendo que la niña había rehusado devolver el abrazo que su padre le instaba a darle y, como consecuencia de esa apreciación, se le negó el contacto con ella.

O aquel padre cuyo contacto quincenal con su hijo de quince años fue impedido porque «el niño tenía que recorrer muchos kilómetros», o aquel otro al que se le justificó la pérdida del contacto diciendo que «el niño se quedaba dormido en el coche cuando lo devolvía a casa». Un niño de trece años no había visto a su padre desde hacía más de ocho años, porque se le hizo creer que un mandato contra su padre se lo impedía. Nadie –y menos su madre– le dijo que el mandato duraba solamente un máximo de tres meses y que durante los últimos ocho años él había tenido el derecho de ver a su padre.

Una ley discriminatoria

El desastroso impacto de la ausencia del padre en la vida de los hijos está bien documentado, pero los daños morales sobre el padre son menos conocidos. Algunos acaban teniendo colapsos nerviosos o suicidándose; otros pierden sus empleos cuando tratan de visitar a sus hijos, que se han mudado a un lugar diferente del país. Por supuesto, hay hombres que se apartan de sus mujeres y dejan a sus familias, pero la mayoría de los hombres se han divorciado contra su voluntad. El dolor del fracaso familiar se hace insoportable cuando se le añade la enorme injusticia de un sistema legal que, bajo apariencias de imparcialidad, lo que hace a menudo es recompensar a la esposa y castigar al varón. ¿Cómo puede suceder esto?

La reforma en el Reino Unido no parece posible y muy probablemente este siglo pase a la historia como la época de la «caza del varón», especialmente porque existe un documento que elaboró en 1996 la Asociación Nacional de Funcionarios Probatorios, titulado «Iguales Derechos: Política Antisexista». En este documento se proclamaba que el matrimonio sujetaba a las mujeres a la tiranía del marido; que la sociedad se basaba en el control patriarcal del macho sobre las mujeres y los hijos. Después afirmaba que el control se extendía a todas las instituciones y que la opresión de las mujeres debe ser desafiada en los juzgados. Por tanto, concluía, el propósito del funcionario de la asistencia social era contrarrestar la discriminación contra las mujeres en el contexto de una convivencia conflictiva y en las decisiones que tienen que ver con el régimen de visitas.

Hoy en día, cuando el varón ha asumido muchas de las tareas del hogar y demuestra gran habilidad cuidando de los hijos pequeños, mientras que la mujer ya no ejerce el control total del hogar al tener que trabajar fuera, se hace necesario revisar muchos de los conceptos tradicionales. Por eso, y nuevamente en caso de divorcio, las necesidades diarias de los hijos siempre se podrán cumplir mejor si son ambos padres los que se encargan de su custodia que cuando se delega de modo exclusivo en otro. Los últimos datos aportados por abogados especializados en divorcios demuestran que habitualmente los varones son quienes solicitan la custodia compartida, mientras que las mujeres piden la exclusiva para ellas. En aquellos estados norteamericanos en los cuales las madres ya no obtienen la custodia de forma inmediata, ha disminuido la tasa de divorcios.

Las denuncias por sexismo hacia los varones van aún más lejos, pues existen declaraciones y encuestas que demuestran que los hombres viven aterrorizados de que se les considere como personas con prejuicios contra las mujeres, lo que supondría su descrédito, mientras no existe esa contrapartida hacia las mujeres. El resultado es que en esta tenaz zambullida de falsos estereotipos toda la sociedad acaba perjudicada.

MUCHOS PROTAGONISTAS PARA UN PROBLEMA PERSONAL

No hay un modelo único para analizar los problemas del divorcio ni, por tanto, una ley o sistema que sirva para ayudar a todas las personas involucradas por igual. Indudablemente, existe una trilogía básica, que son ambos esposos y los hijos, pero hay muchas personas más que intervienen en este conflicto que debería resolverse exclusivamente de modo particular.

Normalmente, y salvo casos de violencia o adulterio, los familiares de los cónyuges nunca apoyan su decisión, lo que obliga a pedir consejo a los amigos y, en el mejor de los casos, a un psicólogo. Desde el momento en que los cónyuges comunican a sus familias respectivas el inicio del proceso de divorcio surge siempre la pregunta clave: ¿Lo has pensado bien? Bueno, esta pregunta siempre obtiene un sí como respuesta, pues no es frecuente que una pareja enamorada se quiera hoy y mañana pida el divorcio.

Los abogados

Cuando existe la sospecha de un arrebato motivado por una disputa intensa el día anterior, o un ataque de celos, los mismos abogados se toman las cosas con calma cuando reciben a una persona nerviosa que les pide que les inicie el proceso de separación matrimonial. Saben que es frecuente que las cosas vuelvan a su cauce, que los besos y las frases de perdón lleguen a los pocos días, y por eso dicen que les llevará unos días elaborar el dossier.

Para muchas personas el abogado se ha convertido en un consejero sentimental, el hombro sobre quien llorar y en la persona que, a cambio de dinero, le resolverá su vida y futuro. Tal dejación de responsabilidades conlleva no pocas frustraciones, pues la misión de un abogado es canalizar jurídicamente los deseos de sus clientes, pero en ningún modo resolver sus problemas. Pero hoy en día las parejas en conflicto acuden a «su abogado» cada vez que tienen un problema, pues están seguros que ellos le resolverán rápida y eficazmente su conflicto, que para eso le pagan. Han sustituido al párraco, al amigo fiel y a los padres, en su papel de consejeros serenos, por una persona para quienes los divorciados son simplemente sus clientes, un caso, un proceso.

Haciéndolo así, la persona que solicita sus servicios le suministra toda clase de información, veraz en ocasiones, desvirtuada y falsa la mayoría, para que consiga destrozar y vencer a su enemigo, su cónyuge. Antes era la persona a quien amaba, pero ahora, gracias a este intermediario tan eficaz, pasa a ser el contrario. Por supuesto, la jerga se modifica desde entonces y el cónyuge es alguien a quien hay que ganar, «un caso entre manos» y una persona que «no logrará vencernos». Ya tenemos al malvado y al mismo tiempo estúpido enemigo definido, sea la mujer o el hombre, y deberemos emplear todos los «recursos que la ley nos proporciona» para vencerle. Y así, cuando después de un largo «proceso» de acusaciones, denuncias y peticiones, el juicio se celebra y se dispone del veredicto, uno de los dos abogados dirá feliz a su cliente: «Hemos ganado el caso.»

Después llegará la «minuta» y la reflexión de la pareja sobre lo que ha ocurrido estos meses atrás. Ambos se plantearán si verdaderamente se trataba de un enemigo a quien había que vencer o, simplemente, una persona a la que un día quisieron y con quien ya no desean convivir. Una persona, un ser humano como ellos, que también ha sufrido todo el calvario de acusaciones y querellas, y con quien deberían haber hablado más y pelear menos.

Los padres

Salvo excepciones, ningún padre acoge como una buena noticia el divorcio de sus hijos; mucho menos quienes ya lo padecieron en carne propia. La reacción es muy variada y abarca desde la ayuda incondicional para actuar de intermediario, poner a su disposición una habitación hasta que se le «solucionen las cosas», hasta quienes se convierten en un ascua ardiente culpando a unos y otros. No hay pues posibilidad de saber su respuesta, ya que en ocasiones las broncas las recibe el propio hijo, a quien acusan de no saber ser un buen cónyuge o faltarle tolerancia, poniéndose de parte de la pareja.

Indudablemente los padres siempre acusan a sus hijos de no ser tolerantes con los defectos del cónyuge y no comprenden cómo se puede romper un hogar aparentemente feliz hasta entonces, por simples problemas de carácter. Ellos están convencidos de que con el diálogo y la buena voluntad la pareja podría volver a unirse, acusándoles de falta de madurez y de egoísmo, especialmente si hay hijos.

Hay quien decide no inmiscuirse y explica que eso «es asunto suyo», que es lo mismo que decirle «déjame en paz y no me des problemas». También hay quien asegura que «ya te lo advertí» o «tú te lo has buscado», mientras que otros se dedican a decir toda clase de barbaridades sobre su pareja, a quien ahora, ¡oh, sorpresa!, dicen odiar desde el primer día que la vieron.

Nada más recibir la noticia, lo habitual es que se comuniquen con los padres del cónyuge, primero para tratar de ayudar a sus hijos a superar «el trance» y disuadirles del divorcio, y posteriormente para acusarse mutuamente. En pocos días, los que antes compartían alegrías en las reuniones familiares de cumpleaños y Navidad, ahora se convierten en enemigos irreconciliables, maldiciendo a los hijos del otro. Las chicas suelen ser acusadas de golfas, o cuando menos ariscas, mientras que los chicos o son unos vagos o le dan a la bebida. Desde ese momento se acaban esas sonrisas y abrazos que tanto les unían y pasan a ser un elemento más en la guerra familiar.

Quienes optan por el camino más pacífico ignoran a la familia postiza y se dedican a ayudar en lo que pueden a su hijo divorciado, no hablando mal ni de uno ni de otro, con la esperanza de que el tiempo les vuelva a unir. Estos padres son los que se muestran más disponibles y voluntariosos para cuidar de los nietos, pues saben que los pequeños llevan siempre la peor parte. El problema es que los jueces no opinan igual y marginan a los abuelos, a pesar de su larga experiencia cuidando niños, otorgando la custodia absoluta a uno de los cónyuges, aun sabiendo que no dispone del tiempo necesario para cuidar a sus hijos.

Los abuelos, además, no aparecen en ninguna de las sentencias judiciales, se les margina del problema, y eso que son padres y abuelos de esa familia rota, además de poseer una templanza que no tienen los hijos. Por increíble que parezca, no se les asigna ningún régimen de visitas, ni se les emplea como cuidadores idóneos para llevar y traer a los niños del colegio o cuidarles en vacaciones.

Los hermanos

Igualmente minimizados, cuando no olvidados, en las resoluciones judiciales, los hermanos suelen acusar la desunión familiar de forma dispar, teniendo en cuenta su edad y la unión afectiva hacia sus padres. Cada uno dispone de una personalidad única y llevará la separación familiar de modo diferente, por lo que el empeño loable de mantener a todos los hermanos juntos supone, en ocasiones, el daño para uno o varios de ellos. Todos sabemos que en las familias numerosas cada hijo se siente más ligado a un padre que al otro y eso se debería tener en cuenta en las resoluciones, pues lo que en principio parece una unión (todos los hermanos conviviendo con un mismo padre) se termina convirtiendo en una injusticia más.

Algunos jueces creen que los hermanos necesitan estar imperiosamente juntos, más incluso que con sus padres, lo que no es en absoluto cierto cuando las diferencias de edad son altas. Entre ellos son frecuente las rivalidades y, aunque algunos sentirán la soledad por no poder jugar entre ellos, los mayores pensarán especialmente en sus amistades, pues para ellos la idea de perderlas supondrá un trauma serio.

CASOS PUBLICADOS EN EL *NATIONAL POST*

Este artículo fue escrito por Donna Laframboise, una de las escasas mujeres que piden urgentemente un cambio en la mentalidad de los jueces para que no criminalicen sistemáticamente la figura del padre divorciado.

«Duramente censurados, arruinados, solos, los padres divorciados tienen la mala prensa de no contribuir a la subsistencia de sus hijos. La verdad es que muchos no pueden y, trágicamente, algunos adoptan medidas desesperadas, incluyendo el suicidio. Conozco personalmente el caso de Alan Heinz, un bombero de Toronto, que ha terminado en bancarrota luchando por el retorno de su hija de tres años desde Alemania. Nadie le ayudará, no obstante lo cual las autoridades alemanas están intentando sacarle dinero para el sostenimiento de sus hijos.

Siempre que se discute sobre padres y divorcio, una imagen predomina: "el padre negligente", el canalla que prefiere conducir coches deportivos en lugar de pagar pensiones a sus hijos. Dado que escribo sobre asuntos familiares, me veo habitualmente inundada con llamadas telefónicas, faxes, cartas y e-mails de hombres divorciados. A mí no me interesa lo poco bueno que tengan que decir de sus ex parejas, pues lo que me interesa es determinar si el sistema asiste a la gente durante este difícil periodo de sus vidas o les hunde en la miseria.

Desde un ingeniero aeronáutico de la British Columbia a un cartero en las praderas, hasta el bombero de Toronto, las historias de los padres divorciados tienen un elemento en común: en tanto que la sociedad estereotipa a estos hombres sin piedad, la mayor parte de los padres divorciados pagan las pensiones de sus hijos. Entre aquellos que no lo hacen, un pequeño porcentaje rehúsa hacerlo por voluntad propia (los malvados de los que usted oye hablar a todas horas.) Lo que nadie le ha dicho es que los otros padres que se atrasan o no realizan los pagos están demasiado empobrecidos para pagar, se les ha condenado a pagar cantidades irracionales o son víctimas de canalladas burocráticas.

Hoy, el *National Post* les contará las historias de padres que han sido conducidos al suicidio por un sistema sordo a sus peticiones. Les presentaremos a un hombre que aún está pagando pensión a su hija de veintitrés años, que trabaja. Les contaremos acerca de un ejecutivo con un sueldo neto mensual de 7.455 dólares al mes al que le quedan 302 dólares después de pasar pensión de alimentos a sus hijos y la compensatoria a su ex mujer. Ella vive como una reina a costa del esfuerzo de una persona y eso no causa ningún rubor a nadie, ni siquiera a ella.

Sus vidas están siendo devastadas por juzgados y gobiernos que consideran que ninguna medida es lo bastante punitiva en su guerra abierta contra los llamados "padres negligentes".

En su nota de suicidio, Jim, padre de cuatro hijos, protesta diciendo que "no todos los padres son unos negligentes". Jim se ahorcó porque no lograba ver ninguna otra alternativa. Incluso ahora, sus hijos no son conscientes de las circunstancias de la muerte de su padre, pues su madre sigue considerándole un malvado por no pagar la pensión.

El pasado mes de julio, en un barrio marginal de Regina, un padre divorciado de treinta y nueve años se ató una cuerda alrededor del cuello y se colgó en su entresuelo. Sus hijos, de ocho, nueve y once años y uno mayor, adoptado, no han sido aún informados del modo en que su padre murió, por lo que su familia ha pedido que su nombre real sea ocultado. Llamémosle Jim.

Jim era alto y delgado, con ojos y pelo oscuros. Trabajaba como mecánico en un concesionario de automóviles, especializado en reparaciones de la transmisión. Además de cuatro hijos huérfanos, deja atrás padres doloridos, dos hermanas y un hermano.

Y una nota de suicidio, limpiamente escrita, de dos páginas: "Los últimos cinco años han sido muy difíciles emocional y financieramente para mí, pues desde la separación intenté cuanto pude atender al sostenimiento económico de mis hijos y, al mismo tiempo, ganarme la vida", dice. "El resultado final es que ello me ha conducido a la bancarrota total... Ésta es la única solución, porque no veo absolutamente ninguna luz al final del túnel."

Jim no es el único padre divorciado abocado a medidas desesperadas. La semana pasada, la policía recuperó el cuerpo de Darrin White, de treinta y cuatro años, de la ciudad de Prince George en British Columbia. Mr. White se ahorcó después de haber recibido el requerimiento para pagar 2.070 dólares al mes en concepto de cargas familiares, incluso tras haber manifestado al Juzgado que estaba de baja por estrés de su trabajo y que le quedaban libres unos 1.000 dólares al mes. A pesar de hacer cuanto está en su mano para cumplir sus obligaciones, muchos hombres divorciados no reciben ninguna simpatía de nadie.

En su carta, Jim protesta diciendo que "no todos los padres son negligentes", y expresa su angustia por haber sido despojado de su "derecho a ser padre" de sus hijos, tras haberle sido otorgada la custodia en exclusiva a su ex esposa.

"Dos veces en los últimos cinco años quise hacer mi propia vida, pero por amor y por los buenos tiempos que compartí con mis hijos, resolví no hacerlo", escribió. "Espero que algún día mis hijos me comprendan y me perdonen por haberles dejado."

En octubre de 1995, Andrew Renouf de Markham, Ontario, dejó una nota de suicidio similar. Describiendo cómo el gobierno de

Ontario había embargado todo su sueldo menos 43 centavos de su cuenta bancaria. El día de cobro, tres días antes, escribió: "No tengo dinero para comida o gasolina para mi coche que me permita ir a trabajar." Aunque trató de explicar su situación a la oficina de refuerzo para el sostenimiento de niños, según dijo, la respuesta fue 'tenemos una orden judicial' y esta frase se la repitieron varias veces. "Traté de hablar con la beneficencia de Markham, pero como había ganado más de 520 dólares el mes anterior, no tenía derecho a recibir asistencia."

Mr. Renouf dijo en su nota que no tuvo contacto con su hija en cuatro años. "No sé siquiera si está viva y en buen estado", escribe. "No hay ninguna motivación para seguir vivo. Mi intención es conducir a una zona tranquila cerca de mi casa, meter los gases del tubo de escape en el coche, tomar algún somnífero y utilizar la gasolina que me queda para quitarme la vida. Hubiera preferido morir con más dignidad."

Hazel McBride, una investigadora sobre el suicidio y psicoterapeuta de Toronto, dice que ha empezado a encontrarse con un considerable número de casos similares desde principios de los años 90. Uno implicaba al propietario de un pequeño negocio que estuvo pagando la pensión alimenticia de sus hijos fielmente hasta que vino la recesión. Después de la que oficina de refuerzo para el sostenimiento de niños embargara dinero de la cuenta corriente de su negocio, su negocio se hundió, y su casa fue embargada, sufriendo un infarto después. Acabó volándose la cabeza con una pistola. Por supuesto su ex esposa no tuvo ningún remordimiento, pues todos los meses recibió una pensión como viuda.

"Éstos no son casos aislados", dice la especialista. "Tuve un hombre que vino a verme, con cáncer, y que tenía que dejar su trabajo de camionero de larga distancia. Como autónomo, no tenía cobertura por discapacidad. Su mujer se había vuelto a casar y vivía bastante bien y, además, tenía a los niños. La única cosa que le quedaba era la casa que heredó de sus padres. No muy grande. Y una vez realizados los pagos de las pensiones, no le quedaba ni el dinero para la calefacción. Ésta es

una de las razones por las que dejé de dedicarme al trabajo clínico",
dice la doctora McBride, "porque las historias eran tan dramáticas y
había tan poco que pudiéramos hacer por la gente... Este hombre
decía, "quiero huir de todo esto y suicidarme. Nada va a mejorar". Y
tenía razón, no iba a mejorar.»

MEDIDAS FUERA DE TODA JUSTICIA Y HUMANIDAD

Los padres que han sido empujados hasta el punto de ruptura rara
vez atraen la atención de los medios de comunicación, porque todo
el mundo asume que son «padres negligentes». Las requisitorias del
Gobierno se dirigen contra hombres atrasados en los pagos de pensiones, llamándoles «padres delincuentes» que «se sustraen de sus
deberes en el sostenimiento de sus hijos» y que, por tanto, necesitan
«ser obligados a afrontar sus obligaciones».

El gobierno de Ontario declara que tales padres deben 1.200
millones de dólares en pensiones sólo en esa provincia, y registran
que sólo un 24 por ciento de los obligados a pagar están al día. Se ha
pintado un retrato maldito de todos los padres divorciados.

Pero el asunto es mucho más complejo. Para los que no están
familiarizados con el tema, los registros de la oficina de refuerzo para
el sostenimiento de niños son notablemente poco fiables y desfasa-
dos. El año pasado, a Wayne Sagle, de Sault Ste. Marie, Ontario, le
comunicaron que debía 51.000 dólares en concepto de atrasos. Sólo
tras haber contactado la oficina nacional de correos con la ex esposa
de Mr. Sagle tuvo que admitir el gobierno que los 51.000 eran una
ilusión. Con la declaración de la ex esposa reconociendo que los
niños habían vivido con su padre desde 1990 se evidenció que el
auténtico problema fue el retraso burocrático crónico. Por supuesto,
ella no le pasaba ninguna pensión por los hijos.

En otro caso, meses después de que un hombre obligado a pagar
pensión se suicidara, la oficina de refuerzo para el sostenimiento de
niños de Ontario continúa enviando requerimientos a uno de sus
domicilios anteriores y, sin duda, a contabilizar sus atrasos en el
monto total del dinero adeudado. (Un estudio en USA determinó que

el 14 por ciento de los hombres listados bajo el epígrafe de negligentes en los registros estatales habían en realidad fallecido.)

En algunas provincias canadienses, hombres que pagaban sus pensiones religiosamente cada dos semanas (el día de cobro) fueron clasificados como atrasados en el pago por medio mes, tan sólo porque las oficinas de refuerzo para el sostenimiento de niños tienen su contabilidad basada en un ciclo mensual.

No existe investigación alguna sobre los pagadores de pensiones en Canadá, pero los estudios realizados en otros países indican que la gran mayoría de los hombres divorciados cumplen sus obligaciones, y los que no lo hacen a menudo tienen buenas razones para ello.

De acuerdo con Roger Gay, un experto internacional en el pago de pensiones, que vive en Estocolmo, la única estadística significativa sobre pensiones pagadas a los niños es el porcentaje de pensiones dictaminadas por los jueces que se pagan de hecho. En USA, dice, «los padres en general pagan entre el 70 y el 80 por ciento de lo debido».

Y lo que es más, las muy publicitadas medidas, como suspensión de permisos de conducir, revocación de pasaportes y condenas carcelarias, han logrado poco. A pesar de los esfuerzos de los 50.000 funcionarios empleados para la recaudación de pensiones para niños en USA –que cuesta cuatro billones de dólares al año– el señor Gay dice que el porcentaje de pensiones alimenticias pagadas no ha cambiado desde mitad de los años 70. «Hemos dejado pasar demasiados años sin admitir ante la opinión pública que estas medidas no han sido más que un fiasco.»

La nueva «caza de brujas»

La dificultad para recaudar el restante 20-30 por ciento se debe esencialmente al hecho de que la guerra abierta contra los padres negligentes es en realidad una guerra abierta contra los depauperados, contra hombres que siempre han estado en situación de marginalidad económica o han resultado empobrecidos a causa del mismo proceso de divorcio. También hay un alto porcentaje de hombres que no pagan al saber que su ex esposa está en una situación económica muy superior a la suya, aunque no pueden probarla.

De acuerdo con el Instituto de la Pobreza, la mitad de los padres no pagadores de Wisconsin ganan menos de 6.200 dólares al año y sólo uno de cada diez gana más de 18.500 anuales. Otras investigaciones muestran que la tasa de desempleo es uno de los más fiables predictores del cumplimiento de las pensiones por alimentos. Aun así, y conscientes de que además del despido pueden acabar en la cárcel, la mitad de los hombres desempleados, según una investigación tomada de una muestra estadística, todavía se las arreglaban para pagar la cantidad total.

En 1996, un funcionario de la oficina de refuerzo para el sostenimiento de niños de Oklahoma, en un artículo para el *Christian Science Monitor*, acusaba a los políticos de padecer ansia por encontrar «los perfectos cabezas de turco» y demonizar a los padres que no pagaban. «La mayor parte de los padres negligentes son, en realidad, hombres intimidados, enfadados por la injusticia y deprimidos», escribía el funcionario, que admitió haber encarcelado a cientos de ellos.

«No sólo muchos de esos padres negligentes son despedidos de sus trabajos, sino que a menudo su fracaso como pagadores les lleva a no poder ver a sus hijos ni a encontrar un nuevo trabajo. Yo perseguí a uno que había sido hospitalizado por malnutrición y otro que vivía en la cama de un furgón. Muchas veces he perseguido a hombres empobrecidos por sus esposas que, a su vez, se habían vuelto a casar con hombres de éxito y que vivían en condiciones confortables, pero no renunciaban a la pensión de su arruinado ex marido.»

Sin embargo, el estereotipo del padre divorciado con montones de dinero, que mezquina y deliberadamente rehúsa darlo, persiste e influencia negativamente a los jueces. En palabras de Pauline Green, una abogada de familia de Toronto, «algunos jueces piensan que los hombres se han salido con la suya demasiado fácilmente en el pasado con temas como las pensiones alimenticias. Su posición es: "No me importa lo que nadie diga, no me importan las excusas que tengan, todos tienen que pagar o les encarcelo."»

Susan Baragar, una abogada que, además, es feminista, de Winnipeg, añade: «No hay equidad en los juzgados de familia. Hay un chiste común entre nosotros, los abogados de familia, que dice: "Si tú eres el hombre, ponte el casco y recula." Hay injusticias que siguen otro camino, si lo consideramos desde una perspectiva de caso por caso, pero en general sé que si represento a una mujer lo voy a tener más fácil ante un tribunal. Basta con una lágrima o que manifieste malos tratos, para que obtenga toda la ayuda posible del juez.»

Mientras que la sociedad insiste en que los padres divorciados deben «ser contabilizados», algunos investigadores están planteándose si ese deseo contable no está resultando una persecución.

En «Padres Derrochadores», los coautores Ross Parke y Armin Brott presentan una letanía de historias de terror, incluyendo el caso de un portero acusado en falso de asesinato por parte de su ex esposa, quien dijo conocer los detalles y la víctima. Después de una década en distintas prisiones de Texas, el hombre fue liberado sólo con una factura de 22.000 dólares en concepto de pensión de alimentos por los años que estuvo entre rejas.

Otros casos

A los pagadores de pensiones también se les presupone automáticamente el estar equivocados. A finales del 1997, la ex mujer de George Roulier, Carol McIntosh, firmó una declaración jurada conforme a la cual él tenía atrasos en el pago de las pensiones por importe de 1.220 dólares. Cinco semanas más tarde, el gobierno de Ontario instruyó al jefe del señor Roulier para que empezara a embargar el dinero de su nómina. En lugar de llevar a cabo una investigación, la agencia de refuerzo para el sostenimiento de niños parece simplemente fiarse de la palabra de las mujeres que reclaman. «Me dijeron que intentaron enviarme una carta», dice el señor Roulier. "Yo dije: "Bueno, envíenme una copia." Y ellos dijeron: "Ni pensarlo."»

Siete meses más tarde, cuando Roulier se personó en el juzgado con sus cheques ingresados por el periodo en cuestión, el Juzgado declaró que él había pagado «todo lo debido hasta el 31 de enero de 1998 directamente a Carol McIntosh» y que «no había ningún tipo de atrasos». Roulier todavía está intentando que se le devuelvan los atrasos que le fueron embargados y que el juez declaró como no debidos. En septiembre de 1998, la agencia le devolvió una parte de su dinero. Pero en octubre, David Costen, director ejecutivo de la agencia que había fracasado a la hora de verificar la información antes de ejecutar el embargo, se lavó las manos respecto al tema: «La pregunta es si la receptora de la pensión ha tergiversado la información o ha sido incapaz de darla correctamente», escribió a Roulier, «siendo, por tanto, un asunto legal entre usted y la receptora.»

Al mismo tiempo que la sociedad demanda a los padres divorciados que paguen, nuestros tribunales, gobiernos y servicios sociales fracasan en reconocer el enorme efecto que la pérdida diaria de contacto con los propios hijos tiene en la capacidad de los hombres para trabajar y ganarse la vida.

Mujeres nobles

Y en tanto que existe un gigantesco y caro sistema para recolectar pensiones alimenticias de padres divorciados, no existe ningún

LA OPINIÓN DEL EXPERTO

«Ningún gobierno ni tribunal debería poder separar a un hijo de un padre a menos que existiese una muy, muy, muy buena razón. Es absolutamente incivilizado, bárbaro y devastador para cualquier padre y no es infrecuente que esta gente sufra crisis depresivas.»

Doctora McBrice

sistema paralelo que asegure los derechos de los niños y los padres para mantener un contacto cercano y regular. Tampoco existe un mínimo control, o ninguno, para decidir cuándo un ex marido debe seguir pagando pensión, o una vigilancia sobre los ingresos reales de la esposa.

Tras la ruptura de su matrimonio a finales de 1997, la mujer del bombero de Toronto Alan Heinz manifestó ante un tribunal que tenía tres ofertas de trabajo esperándola en Alemania. Él accedió reacio a que se mudara con la hija de la pareja, que ahora tiene tres años, pero se indignó cuando ella, al cabo de poco tiempo, pasó a depender de la beneficencia estatal por alcoholismo y siguió conservando la custodia.

Mientras que nadie con autoridad ayudará al señor Heinz a procurar el regreso de su hija, la Oficina de Bienestar Juvenil en Neuss, Alemania, está intentando obtener de él pensiones alimenticias en un intento de ahorrarse sus propios gastos de asistencia social. Heinz ha terminado arruinado tras librar una batalla legal que ha abarcado dos continentes. A sus cuarenta y un años, no tiene más remedio que vivir en el entresuelo propiedad de sus padres.

Edward Kruk, profesor de asistencia social en la Universidad de British Columbia, que ha estudiado a padres divorciados en los últimos quince años, dice que, a pesar del rol más activo de muchos padres de nuestro tiempo en la vida de sus hijos, «los padres hoy tienen menos posibilidades de obtener la custodia ante un tribunal que en los años 70».

En otras palabras, el mensaje de la sociedad a los padres divorciados es que lo único que se quiere de ellos es dinero. Es un mensaje que algunos de ellos encuentran muy difícil de asumir.

Entre los documentos personales de Jim, el divorciado que se ahorcó por no poder soportar la tensión, los hay que indican que en el año anterior a su muerte, su situación financiera había empeorado. A finales de 1998, perdió casi tres meses de trabajo a causa de una herida en la espalda. Hacia mitad de noviembre de ese año, recibió una carta del Fondo de Garantía Salarial de

Saskatchewan informándole de que sus sueldos de baja habían sido embargados.

De acuerdo con una declaración jurada que Jim firmó unos pocos meses antes de su muerte, entre agosto de 1998 y enero de 1999, sus gastos excedían notablemente a sus ingresos, en más de 100 dólares al mes.

Pagó un modesto plus de 460 dólares por alojamiento, 40 en ropas durante todo el año pasado y sólo 52 en herramientas; incluso cuando se sabe que los mecánicos necesitan comprar regularmente herramientas para poder ejercer eficientemente su profesión.

George Seitz, un amigo suyo, dice que Jim vivió en una vecindad muy difícil, «un lugar de Regina en donde yo jamás viviría», tan sólo porque los alquileres eran baratos. Cuando los dos hombres se juntaban con sus hijos, Seitz rara vez recuerda ver a Jim comiendo. «Creo que, debido a su posición financiera, compraba a sus hijos comida privándose él mismo de ella.»

Como Jim dice en su declaración jurada, de la paga de un mes (en torno a 1.650 dólares) «mi gasto más significativo era la pensión de 800 dólares que daba a mis hijos». Pero eso no era bastante.

Aunque Jim había sido el propietario del domicilio matrimonial antes de su matrimonio, que duró cinco años, el juez otorgó a su ex esposa la mitad de su propiedad cuando la pareja se divorció. Basándose en la fórmula que evaluó la casa en una cantidad mayor de aquella por la que realmente se vendió, se le ordenó a Jim pagar a su antigua esposa más de 8.000 dólares y se le hizo responsable de una factura de tarjeta de crédito de 3.400.

LO QUE OPINAN ELLAS DE LOS HOMBRES

Si tú le besas el primer día, eres una golfa.
Si no lo haces antes del primer mes, eres frígida.

Si le alabas, él piensa que eres falsa.
Si no lo haces, eres una ingrata.

SÓLO PARA MUJERES

▶ ¿Por qué quieren los hombres casarse con vírgenes?
No pueden resistir las críticas.

▶ ¿Por qué es tan duro para las mujeres encontrar a hombres
que sean sensibles, inteligentes y guapos?
Porque esos hombres ya tienen novias.

▶ ¿Cuál es la idea de un hombre sobre el sexo seguro?
Una cama vacía.

▶ Si piensa que al corazón de un hombre se llega por el estó-
mago es que está apuntando demasiado alto.

▶ La mejor razón para divorciarse de un hombre es una razón
de salud: usted está enferma de él.

▶ El trabajo de una mujer que nunca se hace es aquel que ella
le pidió a su marido que hiciera.

▶ La definición de un hombre con modales se percibe cuando
sale del baño después de orinar.

Si estás de acuerdo con sus gustos, eres sumisa.
Si no lo haces, eres odiosa.

Si le visitas a menudo, piensa que estás desesperada por casarte.
Si no lo haces, piensa que no estás interesada en él.

Si te vistes atractiva, dice que eres una coqueta.
Si no lo haces, mira a todas las demás.

Si tienes celos, dice que eres posesiva.
Si te muestras indiferente, piensa que le engañas con otro.

Si intentas un romance rápido con él, dice que eres presa fácil.
Si te tomas tu tiempo, piensa que eres una frígida.

Si llegas tarde un minuto, dice que le faltas al respeto.

Si él llega tarde una hora, dice que debes ser más tolerante y menos impaciente.

Si visitas a un amigo, le estás engañando.

Si él visita a otra mujer, te dirá: «¡Oh! Sólo somos amigos.»

Si le besas de cuando en cuando, dirá que eres demasiado tímida o estrecha.

Si le besas con pasión, se mosqueará.

Si hablas, siempre es demasiado.

Si escuchas, nunca le dices lo que necesita oír.

PARA ABREVIAR:

Tan complejos y tan predecibles. Tan machistas y tan sensibles (normalmente a sus propios sentimientos). Pueden ser cómicos, irritantes y, al mismo tiempo, irresistibles.

LO QUE OPINAN LOS HOMBRES SOBRE ELLAS

Si la besas, no eres un señor.

Si no lo haces, no eres un hombre.

Si la alabas, ella piensa que estás buscando sexo.

Si no lo haces, eres tan torpe que no merece la pena.

Si trabajas mucho, solamente piensas en su trabajo.

Si no trabajas, eres un vago.

Si te gusta todo lo suyo, eres un calzonazos.

Si la criticas, es que no la entiendes.

Si solamente quieres estar con ella, no la dejas libertad.
Si la ves de cuando en cuando, te acusará de no tenerla en cuenta.

Si vistes bien, te dirá que eres un playboy.
Si eres desaliñado, eres un impresentable.

Si tienes celos, ella dice que tienes imaginación.
Si te muestras indiferente, piensa que no la amas.

Si intentas ligar con ella en la empresa, te acusará de acoso sexual.
Si no lo haces, creerá que no sientes interés por ella.

Si llegas tarde a la cita, eres un maleducado.
Si ella llega tarde, dice que en las mujeres es normal.

Si tienes una fuerte amistad con un amigo, sospechará.
Si ella se agarra del brazo de otra mujer, es normal.

Si la besas de cuando en cuando, te acusará de frígido.
Si la besas frecuentemente, te dirá que eres un pesado.

Si no la cedes el asiento, te dirá que no tienes ética.
Si lo haces, pensará que no estás al día en la igualdad de sexos.

Si miras fijamente a otra mujer, te dirá que estás intentando coquetear.
Si ella es mirada fijamente por otros hombres, dirá que es porque es guapa.

Si tú hablas, ella quiere que le escuches.
Si escuchas, te pedirá que hables.

> **PARA ABREVIAR:**
> Tan simples y tan complejas.
> Tan fuertes y exigiendo siempre protección.

CARTA DE UNA FEMINISTA

Karen L. Wilson (Canadá)

«Como feminista largo tiempo activa, estoy abatida por el tratamiento que actualmente se da a los padres no custodios y a sus
hijos. En una era ya pasada, las mujeres no disfrutaban de la libertad
e igualdad que disfrutamos hoy. En aquel tiempo, las mujeres decíamos: "Si tuviéramos el control del mundo, seríamos más amables,
más compasivas, más justas." Educábamos a nuestros hijos varones
en la creencia de que los hombres podían y debían compartir la labor
de criar a sus hijos.

Les educábamos en la creencia de que el papel masculino no era
ya el de aquel patriarcal, fuerte y silencioso ganador del pan. Les
decíamos a nuestros hijos varones que ellos podían y debían mostrar
la cara más suave, amable y cálida de su naturaleza. Ahora les estamos diciendo que son poco menos que vacas que se ordeñan en
busca de dinero.

Actualmente, muchas mujeres, con la ayuda de nuestras leyes de
divorcio, de abogados con exceso de celo y de nuestro sistema judicial, se han convertido en vengativas y controladoras. Ellas separan a
padres que aman a sus hijos de esos hijos, con una gélida indiferen-
cia hacia las necesidades de los niños. Contemplan a sus ex maridos
como una fuente inanimada e inagotable de ingresos y en este
empeño están siendo ciegamente apoyadas por una maquinaria
legal sin sentimientos. Esto no es igualdad para las mujeres: es un
dominio ejercido por las mujeres y el sistema legal. Ésta no es la
igualdad que buscábamos. No es la igualdad que yo y otras como yo

luchamos tan duramente por conseguir. Estamos perpetuando la noción acuñada de que las mujeres deben ser dependientes del hombre desde el punto de vista financiero, incluso después del divorcio. Estamos perpetuando el antiguo mito de que los hombres deben permanecer alejados y no próximos en la crianza de sus hijos, porque eso es un "trabajo de mujeres". Bien, pues ¡no es solamente un trabajo de mujeres!

Ahora tienen la llave para lograr la auténtica igualdad para hombres y mujeres, cuando se produce una situación de ruptura matrimonial. Por favor, consideren esto urgentemente: la custodia compartida automática, con igual tiempo de estancia con los hijos por parte de ambos padres, excepto en casos de abuso extremo (por parte de cualquiera de los dos cónyuges). Ambos progenitores compartiendo los mismos gastos, cuando y de la manera en que sea posible. Pensión compensatoria por un tiempo delimitado y definido, pues nadie debe ser mantenido de por vida. Estructuras de apelaciones/revisiones no judiciales de bajo costo. Un sistema de legislación fiscal justo para ambas partes. Fin del sustento económico obligatorio para los hijos que hayan alcanzado la mayoría de edad.

Hoy día se está gastando en tribunales tantísimo dinero que debiera estar destinado a los niños. Muchas personas, hombres, mujeres y niños, están sufriendo terrible e innecesariamente a causa de leyes y decisiones judiciales injustas. Esta carnicería no es igualdad para nadie. Es la violación de los derechos humanos practicada metódicamente en un país que se considera abanderado de esos derechos.»

CON LOS PSICÓLOGOS NOS HEMOS TOPADO, SANCHO

Este informe fue publicado en Londres en el año 1999 y elaborado por la antropóloga Helen Fisher, a su vez divorciada dos veces. Según ella, las relaciones de pareja están programadas genéticamente para que se autodestruyan al cabo de cuatro años. Para avalar su tesis dice que el estudio fue efectuado durante quince años en 62 países, pero mientras que para las pruebas científicas, en cualquier campo, se necesita la evaluación de numerosas y dispares personas, para otros un simple informe al que nadie sometió a control previo es suficiente.

Fisher, que trabaja en la Universidad de Rutgers, afirma que los hombres presentan mayor diversidad genética y tienen, por tanto, más probabilidades de sobrevivir después de un divorcio, razón por la cual suelen echar alguna cana al aire estando casados, pues no les preocupa las consecuencias. Sin embargo, la mujer es quien necesita cambiar de compañero estable en busca de una nueva monogamia. Sus genes, y sigo transcribiendo las conclusiones de esta antropóloga, determinan un ciclo de cuatro años de cortejo, matrimonio, adulterio y divorcio.

«Las sustancias químicas que libera el cerebro y que hacen que nos enamoremos se agotan al cabo de treinta y seis meses, y por lo general las mujeres tardan un año en darse cuenta de este cambio, buscar otro compañero y poner fin a la relación. No creo que esto sea algo que deba sorprendernos: prácticamente ningún otro mamífero permanece cuatro años con el mismo compañero.»

Después reconoce que muchas parejas viven felices para siempre y que tanto en el Reino Unido como en los Estados Unidos, a pesar del gran número de divorcios, la mayor parte de los matrimonios duran toda la vida. Incluso, los divorciados suelen volver a casarse y a vivir felices con su nueva pareja.

Otra señora igualmente divorciada, Mary Macloud, hace de su problema personal una norma y dice:

«Las parejas suelen sobrevalorar el amor y la pasión. Habría que ver el matrimonio con la mente fría, como una asociación o una empresa.»

Sin embargo, su tesis fue contestada por Helena Cronin, quien dijo:

«A los hombres no les gusta cuidar a los hijos de otros hombres. En las especies en las que la hembra no suele ser monógama, la mortalidad infantil es alta. Los hombres están genéticamente predispuestos a detectar la infidelidad, pues este comportamiento reduce sus probabilidades de transmitir sus propios genes; esto se manifiesta en los celos que muestran muchos de los varones. La creación de lazos duraderos en una pareja, a lo que contribuye tanto la extrema vulnerabilidad de los recién nacidos como el amor, es una de las razones que explica el éxito de la especie humana. No creo que esto cambie.

EL NUEVO SEXO DÉBIL

Por la doctora Susana Álvarez

«Hay un libro sumamente interesante titulado "El padre es el nuevo sexo débil, y urge reclamar sus derechos", que se escribió como respuesta a otro de Evelyne Sullerot. Yo creo que quien lea a Sullerot, que es una feminista, podrá ver que muchas de las cosas y de las formas en que nos expresamos sobre este tema son demasiado suaves, si lo comparamos con la forma en que lo dice ella y como defiende los derechos paternos con sabiduría.

Como resulta evidente a nivel global, la mujer no es sólo la que más solicita el divorcio, sino que el costumbrismo social ubica al padre varón en una situación paradójica: desde el inicio de la separación cede (incluso si no está de acuerdo) en la tenencia de sus hijos, ya que no puede ejercer el acto de llevarse consigo a sus hijos en contra de la voluntad de su ex esposa. ¿Propongo yo este acto de secuestro por parte de los varones? Dado que a veces las cosas se interpretan desde el prejuicio y desde la desinformación, quiero aclarar que la institución a la que pertenezco creó y gestionó la promulgación de la Ley 24.270. Una ley que protege los vínculos de los padres convivientes o no custodios. Uno de sus artículos penaliza al padre o madre que mudara a sus hijos al exterior u a otra provincia sin autorización de su otro progenitor (mi país, la República Argentina, es muy extenso y el cambio de residencia a una de la provincias puede ser equivalente a la salida al exterior). Quiero aclarar también que muchos de mis pacientes (soy psicóloga) adultos y niños han sufrido este secuestro por parte de sus madres y que los efectos de este daño son muy graves. Quiero aclarar que repudio por contraria a los derechos humanos toda forma de obstrucción del vínculo de los hijos con sus padres.

Ahora, el sistema jurídico no defiende los derechos del padre no custodio limitando la hegemonía del otro. Por el contrario, la aumenta y prácticamente en todos los países son las legislaciones las que limitan cada vez más sus derechos. ¿Cómo? Dando al cónyuge custodio un total poder sobre los hijos y en la situación de la que somos testigos, el vínculo filial dependerá de la buena o mala voluntad del conviviente.

La sociedad y las leyes reclaman al padre separado que cumpla sus deberes con los hijos, y por otra se le niega o se ignora su derecho a convivir con ellos, a educarlos, a cuidarlos. Ejercer así la paternidad, de hecho y de derecho en condiciones de igualdad con la mujer, es prácticamente imposible con una ley que posibilita un trato desigual para el hombre.

Yo creo que las opiniones son ajustadas y atinadas. Las comparto porque de hecho las limitaciones en el rol que sufren los padres no custodios afectan en forma prioritaria a los varones. Pero creo que su raíz es la profunda desigualdad con que trata el sistema jurídico a los padres después del divorcio. Lo más sano después del divorcio sería que el niño perdiera lo mínimo, es decir, que conserve su casa, sus muebles y su espacio. La ley protege ese derecho del menor a las cosas materiales, a conservar su entorno material. Pero, paradójicamente, le quita el derecho a que sean ambos padres y no uno solo el que vele por su bienestar. Tampoco protege su derecho a tener la misma calidad y cantidad de tiempo con ambos padres, siempre teniendo en cuenta que por el hecho mismo del divorcio el hijo verá disminuidos sus contactos.»

UNA PARANOIA FRECUENTE

En un artículo firmado por Pablo Mirell se denuncia el nuevo protagonismo que tienen en la sociedad y en la política un tipo de mujer al que el autor asemeja al de la actriz Candice Bergen, protagonista de la serie televisiva «Murphy Brown». Ella es directora de un periódico, de cabellos dorados y ojos profundamente azules, sumamente responsable del personal del periódico, que tiene tiempo suficiente para asegurar la prosperidad del negocio, ser una madre atenta, excelente cocinera, mujer brillante en sociedad, decidida y enérgica, y al mismo tiempo atractiva, guapísima, amable, sexy, con un tipo perfecto. Indudablemente lo tenía todo a la vez.

Ese personaje fue punto de referencia para algún colectivo femenino deseoso de pulverizar todos los récords masculinos, y las impulsó a creer que bastaba ser mujer para conseguir esa gloria. La recomendación que daban para lograrlo era sencilla: debían liberarse del «yugo masculino». Una vez conseguida la independencia, solamente era cuestión de dieta, cursillos, gimnasia, encontrar un trabajo bien remunerado y seguir desempeñando su papel de madre eficaz. Y es que a una imagen tan idílica nos apuntamos todos, varones y hembras, y si todo el secreto estriba en separarnos del otro sexo, la solución está tan al alcance de la mano que parece de tontos no intentarla.

Esta visión de nuestro futuro aún la tienen mayoritariamente los jóvenes que viven con los padres, pues están convencidos de que su prosperidad y felicidad les llegará con la emancipación, cuando tengan su propia vivienda, compartida o en solitario, y cuando consigan ese trabajo soñado. Pero luego todos sabemos que las cosas no van tan unidas, y que cuando llega la independencia llegan también los problemas. En solitario hay que cubrir enormes necesidades diarias, entre ellas las básicas e imprescindibles, como comer, vestir y tener un lugar donde dormir. Esto es sumamente costoso en las sociedades occidentales y prueba de ello son los millones de personas que están en el paro o quienes viven en la pobreza.

También es igualmente desilusionador no encontrar el empleo soñado y para el cual nos hemos preparado durante años, pues la lista de candidatos para ese mismo empleo a veces es de miles de personas. Por poner un ejemplo, para un trabajo de celador en la

Seguridad Social se presentaron 11.000 candidatos, y eso que solamente pedían el Graduado Escolar. Por eso, cuando una persona que ha conseguido alcanzar por fin la independencia económica y social añorada comienza a enfrentarse a la vida, es cuando aparecen las desilusiones, pues no basta con desear algo para conseguirlo. Indudablemente la mayoría de los jóvenes consiguen tarde o temprano su bienestar económico, pues la sociedad está enfocada hacia ellos, pero con esfuerzos y tenacidad, nunca inmediatamente.

Y para las mujeres divorciadas el problema es similar. Hasta ese día ellas compartían economía y problemas al unísono con su marido, frecuentemente con el sueldo de ambos, y así podían lograr cierto bienestar económico. Indudablemente compartir con alguien vivienda implica también ver limitadas las aspiraciones personales y sociales, pues todo cuanto hagamos debe estar de acuerdo con los deseos de la pareja. Cuando no es así, las conquistas de uno perjudican al otro, entablándose en poco tiempo una guerra, al principio sutil y posteriormente física, para ver quién de los dos pide más libertad. Llegado a un punto sin retorno, en el cual los dos cónyuges se acusan mutuamente de coartar sus ilusiones y aspiraciones, aparece en sus mentes la idea salvadora: el divorcio. Con él, ambos tendrán independencia, felicidad, tranquilidad y nuevas amistades. Tan idílica es la situación que pronto ambos deciden que el divorcio es lo mejor «para todos» y que tienen derecho a «encauzar sus vidas».

Y ahora tenemos ya a la pareja de recién divorciados, después de meses de peleas, abogados y tensiones, tratando de saber dónde estaba ese paraíso con el cual habían soñado y que numerosas personas les habían dicho que existía, casi a la vuelta de la esquina. Algo debe fallar en estas predicciones tan idílicas, pues lo más habitual son las depresiones, la sensación de soledad, la tristeza y la irritabilidad. Por supuesto, la mayoría siguen culpando a su ex cónyuge de todas sus desgracias pasadas y presentes, aunque hay quien le seguirá culpando en el futuro. Cuando las cosas no le terminen de salir bien siempre podrá ponerse la máscara de víctima y decir: «La culpa la tuvo mi pareja, que no me dejó... (pongan aquí lo que quieran), y ahora ya es demasiado tarde.»

Las mujeres lo tienen aún más difícil y eso que cuentan con el Instituto de la Mujer. Les han mostrado tantas veces ese precioso edificio, atendido por señoritas sonrientes, que han llegado a creer que allí le solucionarían todo, incluida la felicidad. Luego, cuando se dan cuenta de que cada cual debe buscarse las lentejas por su cuenta, maldicen a esa señora Brown, que con su espléndido BMW y su cigarrillo en los labios, que les ha hecho creer que la vida es así para todas las mujeres independientes. Mi consejo es que no se crean estos cuentos de hadas y sean conscientes de que del mismo modo que no existe Superman tampoco hay una Supergirl, salvo en nuestra imaginación. El divorcio les puede liberar de seguir viviendo junto a una persona que odian o que les martiriza psíquicamente, pero no les aportará más posibilidades de encontrar un trabajo estable y bien remunerado que antes. Cuando usted llegue a una entrevista para un nuevo empleo, su condición de divorciada no le aportará más puntos que si estuviera soltera, y quien le diga lo contrario le está engañando.

Con esto no le estamos aconsejando que no se divorcie (al menos le pedimos que lo piense), sino que no se haga falsas ilusiones pensando que el mismo día que tenga en sus manos el divorcio legalizado sus problemas habrán desaparecido y solamente encontrará felicidad. Indudablemente ya no compartirá hogar con una persona con la cual no es feliz, pero le llegarán nuevas ataduras, nuevos problemas y nuevas encrucijadas que tendrá que resolver en solitario. Con el tiempo, y si posee un mínimo de responsabilidad, inteligencia y tranquilidad, saldrá adelante, pero eso no llegará necesariamente al día siguiente del divorcio.

EN BUSCA DEL PARAÍSO PERDIDO

Hombres y mujeres recién divorciados se lanzan a una carrera imparable en busca de lugares de diversión, normalmente nocturnos, intentando dos cosas: que su ex se entere y poder seguir

manteniendo amistad con personajes del sexo contrario. Este sarampión de libertad viene unido a un cambio en la indumentaria, más
llamativa y juvenil, nuevos modos de hablar frecuentemente más
vulgares, así como el retorno a hábitos tan negativos como son beber
alcohol y fumar. Ellos y ellas parecen sentirse felices llegando a sus
casas de madrugada, tal como hacían en sus años jóvenes, partici-
pando en grupos y viajes colectivos, acudiendo a gimnasios para
recuperar la figura y hasta reanudando los estudios suspendidos al
casarse. Es volver al pasado glorioso, dicen, aunque todos sepamos
que no es posible salvo que dispongamos de la máquina del tiempo
de H. G. Wells.

Y siguiendo con el artículo de Pablo Mirell sobre ese personaje de
televisión, el autor nos explica que la mayoría de las mujeres que la
han tomado como referencia razonan así:

▸ Sé lo que tengo que ser o a quién tengo que parecerme: Murphy
Brown.

▸ No puedo: no le llego a Murphy ni a la altura de sus medias de
seda. Jamás llegaré a ser como ella y, por tanto, ni me realizaré, ni
seré libre, ni feliz, ni «ná de ná».

En USA los psicólogos reconocen ese complejo al que denominan
ya como el de Murphy Brown, pues la frustración que crea es inmensa y difícil de erradicar. Esa frustración a veces se exacerba, y se transforma en auténticos trastornos, maníaco-depresivos en ocasiones,
paranoicos en otras e incluso esquizoides. Haber obligado a miles de
mujeres predivorciadas a ir en busca de un espejismo les ha llevado a
este estado de angustia. Y es que la realidad está en la calle a nuestro alrededor, en miles de chicas que han dejado sus estudios para
trabajar en cualquier empleo, y en miles de mujeres divorciadas,
muchas con una gran preparación cultural detrás, que ni siquiera
encuentran trabajo en empleos infames a causa de su edad. Es como
decir a todos que «El sueño americano» es tan real como nos dicen y
que basta ir a Norteamérica para convertirse en un acaudalado neo-
yorquino, con limusina incluida.

En ese momento, que llega apenas al año del divorcio, ven que sus sueños no se cumplirán; es cuando empezarán a encarar la vida realmente y a luchar por conseguir el bienestar deseado. Ahora ya no hay paraísos irreales y con el alma más tranquila es el momento de luchar como antaño. Atrás ya las disputas hogareñas, con los hijos ya mayores y la mente más despejada, todo es posible, siempre y cuando se libere del victimismo o de seguir culpando a su ex cónyuge (a quien posiblemente no vea desde hace meses) de sus problemas actuales. El mundo es enteramente suyo, pero ya no vendrá nadie a ponérselo a sus pies.

AUSENCIA DE CULPA

Hay un momento en los conflictos del divorcio en que la persona se vuelve paranoica y es incapaz de aceptar que ella tiene la culpa de algo. No es que niegue sentirse responsable del fracaso, es que literalmente se cree que no es culpable de nada, incluso de los insultos, las roturas de objetos o las peleas delante de terceros. En tales situaciones las posibilidades de tranquilizar los ánimos son muy pequeñas, pues existe un bloqueo mental total para autoanalizarse. Si difícil es llegar a un entendimiento con una persona irritada, menos lo es con alguien que no admite ningún error en su comportamiento.

Estas personas están tan seguras de no ser culpables que, asociado con su carácter agresivo y con su megalomanía, exhibirá sus argumentos de inocencia con tal convicción que convencerá fácilmente a sus conocidos, vecinos y hasta a la policía, cuanto más al juez que lleve su caso de separación.

ESE PROBLEMA, QUE TAN NEGRO VISTE AYER, ES COMO UN SUEÑO, COMIENZA A DESVANECERSE

Éstos son los consejos que yo les daría a ambos para que comiencen una nueva y estupenda vida:

▸ Si tiene piso en propiedad, véndalo y reparta el dinero con su ex. Siempre podrá encontrar un pequeño apartamento con el producto de la venta y será suyo en exclusiva. También puede tomar un piso en alquiler y con el dinero de su piso poner un negocio que le permita ganar lo suficiente para realizar sus sueños.

▶ Insista en que su ex comparta la custodia de sus hijos, pues así dispondrá de más tiempo libre.

▶ Busque su felicidad en usted mismo, en su vida interior, y no se haga dependiente de su familia o amigos. No sea el pariente divorciado que siempre está buscando desesperadamente con quien salir. Mejor, inténtelo con nuevas amistades.

▶ No busque inmediatamente una nueva pareja. Deje que el destino se la ponga a su alcance en el momento oportuno. Y si no aparece, tenga en cuenta que hay muchas cosas que puede hacer en la vida sin necesidad de pareja.

▶ No obligue a sus hijos a que compartan sus aficiones o que le acompañen en sus lágrimas y problemas. Debe desligarlos de usted cuanto antes, porque su destino es ser libres. Acuda en su ayuda solamente cuando se lo pidan imperiosamente, pero no se convierta en un padre/madre absorbente creyendo que les hace un favor. Recuerde que los hijos no se divorcian; lo hacen los padres.

▶ Viva de acuerdo a su edad presente. No imite a los más jóvenes, ni en el vestir ni en sus aficiones. Usted posee la suficiente personalidad como para no tener que imitar a nadie. Busque sus propias aficiones y lugares, y no se crea los halagos de quien le asegure que ha rejuvenecido desde el divorcio. Por mucho que le insistan seguirá teniendo los mismos años, ni uno menos.

▶ Deje de pleitear para siempre con su ex y ponga sus energías en otras cosas más productivas. Para tranquilizar su conciencia posiblemente le sea de utilidad ver a su antigua pareja de cuando en cuando, siempre que no tenga ya una nueva vida con otra persona. Tenga en cuenta que siguen compartiendo uno o varios hijos, y eso les ha creado una deuda humana para que sigan luchando por ellos juntos.

▶ Nunca presuma de lo mucho que hizo sufrir y padecer a su malvado cónyuge, pues quien le escucha se pondrá en guardia contra usted. Quien hace daño a una persona, podrá hacer daño a cientos.

▶ Si todavía manifiesta hostilidad hacia su ex, cambie bruscamente de postura y pórtese como nunca antes lo había hecho. Le cogerá tan desprevenido que le será imposible ser hostil, a no ser que su cualidad humana sea ya irrecuperable. Desde ese momento la vida de ambos comenzará a mejorar sensiblemente, pues habrán dejado atrás una mala época.

PETICIONES A LOS PODERES PÚBLICOS DE CUALQUIER PAÍS

▶ Creen más consultas gratuitas de consejeros matrimoniales, en lugar de potenciar las de los abogados de oficio.

▶ No otorguen poderes omnipotentes a los jueces en los asuntos de familia. Los seres humanos debemos poder decidir sobre nuestras vidas.

▶ Consideren la custodia compartida de los hijos como la norma, no como la excepción.

08

Y AHORA, MANOS A LA OBRA PARA ENCONTRAR UNA NUEVA Y MARAVILLOSA PAREJA

Usted, mujer, seguramente habrá olvidado los sistemas que emplean quienes tienen ganas de ligue y no se habrá dado por aludida cuando alguien intentaba acercarse sin éxito. No obstante, lo que todavía no sabe es que sigue siendo atractiva para el otro sexo y que posee cualidades suficientes para hacer feliz a quien llegue con intenciones nobles. Eso es la autoestima, algo que nadie puede ayudarle a recuperar, puesto que ese trabajo es cosa suya.

El asunto estriba en encontrar aquella faceta que le hace especialmente atractiva, aunque le advertimos que no debe centrarse solamente en el físico, pues es la personalidad lo que verdaderamente termina por enamorar a las personas. La belleza está bien, pues acorta las barreras, pero para que surta efecto debe ser adecuada al lugar y a la persona que tenga delante y, en ningún modo, artificial. Indudablemente nadie puede negar que el dinero de un hombre o su poder suelen romper con facilidad el corazón de muchas mujeres, hasta el punto de encontrar irresistible incluso a alguien que pasaría inadvertido si fuera pobre. También, y de igual modo, una mujer que lleve en una fiesta un traje sexy, ceñido e insinuante, es capaz de hacer volver la cabeza y suspirar de pasión a todos los varones, lo que probablemente no conseguiría con su indumentaria de trabajo habitual.

Lo que es indudable es que no solamente la apariencia física es lo que hace atractiva a una persona, sino también su entorno, su ropa, su voz y por supuesto su prestigio. En un país como Ruanda la gordura puede ser muy atractiva si la mayoría de la población es delgada como consecuencia de la mala alimentación, del mismo modo que, a la inversa, en los países desarrollados la delgadez a ultranza es algo muy anhelado y por lo que lucha la mayoría de la población, invirtiendo sumas importantes de dinero para mantenerse dentro de los cánones estéticos que predominan. Por ello, en los países ricos la gordura no está relacionada con bienestar económico, ya que se supone que si tienes dinero puedes acudir a clínicas de belleza, gimnasios y mil soluciones para mantenerte en buena forma.

Nos guste o no a los menos agraciados, lo cierto es que las personas guapas ligan más, o al menos con más rapidez, que las feas. En la medida en que una persona es guapa la facilidad para mantener relaciones sexuales aumenta en una proporción geométrica y eso es extensible a todas las edades y razas. Aunque posteriormente, en la cama, las diferencias entre feos y guapos se acortan significativamente y la hermosura ya no nos garantiza el éxtasis, ya que el terreno está ya tan abonado que con cualquier cosa que nos hagan nos conformamos.

Incluso si apagamos la luz y solamente palpamos el cuerpo desnudo, la armonía de las formas de nuestra pareja, la piel tersa y suave, la musculatura perfectamente definida y hasta esa voz cálida y susurrante, nos pueden predisponer ya al delirio, salvo que el resto sea un auténtico desastre. En ese momento la belleza ya no interviene y es necesario dominar el terreno que pisamos si queremos salir airosos. Y es que, por desgracia, los atributos sexuales son la única parte de nuestro cuerpo que no necesariamente se corresponden con el resto y hasta es posible que una persona poco agraciada, en ese momento decisivo se comporte como el mejor amante del mundo.

APRENDA DE NUEVO A LIGAR

He aquí algunos datos sobre el comportamiento tradicional de las personas que tienen éxito en el amor y que encuentran pareja con la misma facilidad que usted y yo encontramos papeles en el suelo.

▸ Suelen realizar siempre un cortejo preliminar. Otean a su presa, la observan, se aproximan con lentitud y empiezan diciéndole justo lo que desean oír. ¿Cómo saben con tanta precisión lo que esa persona quería oír?

▸ Envían señales de acercamiento e interés a su presa. Las mujeres, para qué negarlo, disponen de muchos más recursos para enviar estas señales y por eso sus intentos de acercamiento casi siempre dan buen resultado, pero los varones lo tenemos algo más difícil.

▸ Las mujeres perciben en seguida que ese individuo que las mira tanto quiere ligar con ellas. Nosotros, una vez más, no nos enteramos de nada hasta que no llegan hasta distancias mínimas.

▸ Los ligones saben cómo hacer que una mujer se sienta eso, mujer (o hembra o femenina, da igual).

▸ Las mujeres saben que siempre da mejor resultado hacer creer al varón que es él quien ha ligado, cuando en realidad en la mayoría de las veces es ella la que ha enviado hace tiempo sus señales dándole permiso para que se acerque.

▸ Nadie que quiere ligar avanza hacia el otro desgarbado y sacando tripa. Si los hombres tensan sus músculos, las mujeres mueven las caderas, y si ellos inflan el tórax, ellas se bajan un poco más el escote.

▸ Todos caminan erguidos en dirección a su presa, lentamente pero con paso decidido.

▸ Los hombres se arreglan la corbata o la camisa, mientras que las mujeres muestran más interés por peinarse con las manos los pocos cabellos que puedan estar alborotados.

▶ Si el acercamiento es para una noche de sexo las manos bajan insinuantes hacia el pantalón, aunque la discreción debe ser notoria. Los varones suelen poner su mano apoyada en el cinturón y las mujeres eligen las caderas.

▶ El cigarrillo siempre ha sido un arma demoledora de coquetería para las mujeres. No hay nada más sugestivo que una mujer soplándonos el humo del cigarrillo directamente a la cara, salvo que odiemos el tabaco. Curiosamente, en un varón sería una grosería.

▶ Las mujeres miran de lado en el cortejo, insinuantes; los hombres de frente.

▶ Si durante las primeras palabras ella sigue arreglándose con esmero la ropa y el pelo, todo va bien. Él, por su parte, tratará de seguir con su plan empleando su mejor arma: el susurro y la adulación.

▶ Si ella se ahueca el pelo repetidas veces y se lo aparta de la cara, todo va bien.

▶ La mujer evitará abrir sus piernas si están sentados, pero para él no será ningún problema abrir las suyas como si fuera un vaquero a punto de subir al corcel.

▶ Ella cruzará las piernas de mil maneras hasta que consiga mostrar, por fin, los centímetros de muslo que le interese exhibir.

▶ Si la cosa va sobre ruedas, la mujer se humedecerá los labios varias veces, mientras que él responderá tratando de ser simpático y hablándola de que se ha fijado en ella por su intensa personalidad, o cosas parecidas.

▶ Las mujeres gustan de mirar de reojo por encima de su hombro, mientras que los hombres no tienen reparos en mirar las piernas de ella o su escote, aunque si quieren ligar evitarán hacer comentarios soeces. Basta con la mirada.

▶ Finalmente, si ella comienza a descalzarse y se acaricia el muslo, mientras que él baja el tono de su voz hasta convertirlo en un susurro, el ligue se ha consumado.

OTROS CONSEJOS

▸ No se sobreestime, aunque también debe evitar tanto la falsa modestia como la megalomanía.

▸ No hable creyéndose poseedor de la razón y de la justicia en cuestiones de pareja.

▸ No critique nunca a los varones delante de ellos si es mujer, pues las feministas resentidas alejan al más entusiasta.

▸ Si es hombre, no mire a las mujeres con ojos de sátiro hambriento. Todos sabemos que tiene hambre de sexo, pero disimule.

▸ Sean desconfiados, pero no hasta el extremo de exageradamente susceptibles, creyendo ver y oír cosas que no han sucedido ni ha escuchado.

▸ Si es varón, no se crea eso de que las mujeres de su edad andan locas por casarse con usted.

▸ Si es mujer, sepa que para que alguien le apetezca empezar una vida en común con usted deberá pedir poco y dar mucho, al menos al principio.

▸ No mire al otro sexo con resentimiento, creyendo que detrás de una buena cara se esconde siempre una mala persona.

▸ No tenga una actitud prefijada de lo que quiere y no quiere en la vida. La otra persona también tendrá sus preferencias y deberá compaginarlas.

▸ No hable de su divorcio ni de sus problemas personales. Es difícil tratar con personas que se sienten heridas y que han sufrido mucho.

▸ No saque su odio o resquemor con cualquier persona y cualquier motivo. Usted ha tenido una mala experiencia con su anterior pareja, pero la siguiente seguro que será maravillosa.

▸ Si vuelve a ver a su ex no se muestre ya agresivo y con deseos de venganza o rencor.

▸ Aunque sea mayor y crea que lo sabe ya todo sobre la vida y el otro sexo, no es cierto. Tal sabiduría dicen que nos llega en el momento de nuestra muerte.

▸ Es difícil tratar con gente que se cree superior a su interlocutor y en posesión de la razón y la verdad en estado puro.

▸ No imite los comportamientos propios de su sexo, ni siga las modas. Observe a su alrededor, analice y haga lo que sus sentimientos le indiquen. En una palabra, saque su personalidad a flote.

▸ No haga teatro para demostrar que se siente segura y que no necesita de nadie a su lado. Si se siente sola y alguien se le acerca, dele una oportunidad.

▸ Abandone cualquier postura tiránica e irascible, reivindicadora profesional de todo y por todo, contenciosa, peleona, siempre segura de sus derechos. Molestando y creando hostilidad y polémica allá donde vaya no conseguirá hacerse querida.

▸ No haga de adivino del futuro con los demás, especialmente augurando desgracias por estar preparando la boda o metido ya en una separación. A esa persona, en concreto, posiblemente le vaya bien en su relación de pareja.

▸ No sea autodestructiva con su vida e ilusiones, pues seguramente mañana todo irá mejor.

▸ Finalmente, si se siente sola/o inténtelo de nuevo con su ex. ¿Quién sabe?